JN060358

なぜ、あなたは、山に登るのか。

答えはついに——
人生とつなぐ山登り原論

岡 秀郎
OKA Hideo

文芸社

もくじ

山に入る日　山人たちはそれぞれの想いを抱き　登山口を通過する

1 「そこに、山があるからだ」——か？

「なぜ、あなたは、山に登るのか」

　山登りに縁のない人も、この問いかけをご存じかもしれない。

　私のような"山屋"は、今もその言葉や活字にふれ、意味合いを考えさせられる。もう歴史的と言ってもいい問いかけなのかもしれない。

　きつくて、危険、汚くて……下手をすると遭難、果ては死んでもしまう山登り。何が楽しくて……。

　ともかく、わざわざ登りに行こうなんて思えないその行為。多くの人にとって得体が知れず、謎めいているのだろう。好んで山に登ろうとする輩に、もの珍しげに発せられる疑問でもある。

　で、定番なら、こう答える。

「なぜなら、そこに、山があるからだ」

　ただ、やはり、何やら謎めいている。

　だからだろうか、著名な登山家のこの"名答"は、期せずして世に広まっていった。

　受け答えの真相は、『新版 山を考える』（本多勝一著、実業之日本社）の冒頭に興味深く紹介されているが、禅問答のようなものではなかった。広まって行った意味合いとはずいぶん違い、"名答"も無機質である。登山家なら当然の、山登りの本質を愚直に表した返答だった。

　1920年代のこと、イギリスの登山家、ジョージ・H・マロリーは、人類が未だその 頂 を踏んだことのないエベレスト（8,848m）の初登頂に挑んでいた。もちろん、世界の屋根ヒマラヤ、高山の象徴である世界最高峰である。
　1922年の第2次遠征でも初登頂は果たせなかった。ヒマラヤから帰った彼の講演会で、聴衆の一人だった婦人が質問したという。

　「なぜ（それほどにも）あなたはエベレストに登りたいんでしょうか」

　マロリーは答えた。「Bcause it is there.」

　「なぜなら、それ＝未踏である世界最高峰＝が、そこにあるからだ」

　そう、これは、人類がだれも足跡を印していなかった未踏の世界最高峰があった、からこその返答だった。
　本書は続ける。

マロリーは、「『山に』登る理由を説明したのではない」。

つまり、『未踏峰であったエベレスト』――に登る理由を答えたのだった。

多くの人たちに登られている、その辺りの山についての答えではなかった。単に地理的な高まりである山一般の答えではなかったのである。

マロリーにしてみれば、

――私は、未踏である世界最高峰のエベレストだから挑戦しているんだ。当然だろう――と返したのだった。

彼は、婦人を憐れむように答えた、と記されている。

ところが、返答が端折って言い放たれたためか、誤訳されたためか、登山家マロリーの意思を汲めない人たちも多かったのだろうか。それは、「山に登る」という人々の行為一般の動機として受け取られていったようだ。

こうして広まったのが、

「なぜなら、そこに、山があるからだ」である。

マロリーは1924年の第3次遠征で、エベレストの山頂付近で消息を絶つ。半ば雪に埋もれ白蝋化した遺体が発見されたのは、1999年5月のことだった。

彼の“名台詞”も、特に名答とは思えない。登山家としてはごく当たり前の素朴な言葉だった。

しかし、「なぜなら、そこに、山があるからだ」は、奇しくも広まって行った。何やら茫としているが、気高いものへの敬意をはらんだのだろうか。人々の脳裏にひっかか

り、消え去ることはなかった。

やがて数十年を経て、登山は大衆化する。

が、明らかなのは、マロリーの挑戦に象徴される人類未踏を目ざす山登りではない。言わば探検家や冒険家に限られた領域から、大衆がそれぞれの想いを繰り広げる登行へ、山登りの質は拡がりをみせた。

山登りの主流は、言わば命をも懸ける自然への挑戦者から、多様な想いを求める山行者たちへと移ろった。

しかし、今なお、皆は言う。

理由はさておき、なんとなく……

あのマロリーを知らなくとも……

だれもが登る山であっても……

「なぜなら、そこに、山があるからだ」

にぎわいを見せる日本第2の高峰　北岳の山頂

この問答が生まれてから、もう100年の時が流れた。

　こだわるのは、1世紀を経た今も、微かに、おぼろげながらも、人々から言い表されることである。厳しく危険な山にわざわざ登りに行くという、楽しくもなさそうな行為をめぐる問答が、ふと口にされ、文字にもなる。

　テレビ番組なら「そこに山があるから」（BS朝日）、新聞コラムには「山には何かがある」（毎日新聞「憂楽帳」）、著名人の著作では『山は登ってみなけりゃ分からない』（石丸謙二郎著、敬文舎）……。

　そしてもう一つ意識するのは、この問答が時に、人生や生きることの命題かのようにも放たれることである。

　世渡り下手な山男が、世間離れした山登りと人生を重ねて呟くような“台詞”でもある。茫洋としながら、どこか人生や生き方、生きることにもまつわる問答のように漂う。

　山登りなんぞ全く無縁な人でも、人生を辿り生きていく道程の何かの拍子に、この問答の記憶を思い起こすのかもしれない。日々の仕事や社会の課題、目標、あるいは人生が、山や山登りに例えられることがある。それも無縁ではないだろう。

　そこには、人生や生きることに、山登りとも共通する、「そこに、あるから」が潜んでいるのではないか、とも思える。

　生まれ育った大阪市内の自宅近くでも、子どものころか

日本アルプス（一部のみ）

北アルプス

富山県
白馬岳
五竜岳
剱岳
立山
鹿島槍ヶ岳
黒部五郎岳
槍ヶ岳
笠ヶ岳
穂高
長野県
乗鞍岳

中央アルプス
仙丈ヶ岳
北岳
塩見岳
山梨県
赤石岳
岐阜県
南アルプス

日高山脈

北海道
帯広 ◎
十勝平野
幌尻岳
カムイ
エクウチカウシ山
ペテガリ岳
日高山脈
楽古岳
浦河 ○
襟裳岬

ネパール・ヒマラヤの山座など

ナムナニ
中華人民共和国
チベット自治区
ネパール
ダウラギリ ▲ アンナプルナ
ランタン・リルン
四光峰
マナスル
ポカラ○
エベレスト
カトマンズ ●
カンチェン
ジュンガ
ラムドゥン
（ロールワリン山群）
インド

11

ら原っぱや河で遊ぶことができた。母の実家も滋賀県の里山にあり、自然にふれる機会は少なくなかった。

　高校のとき、英語の先生が海外登山をしていたことやヒマラヤ登山のテレビ映像に感化され、ヒマラヤの山々に憧れ始めた。想いは、幸か不幸か？　大阪市立大学山岳部への入部へとつながり、北アルプスを中心に山行を続けた。剱岳（2,999m）や穂高（3,190m ＝奥穂高岳）などの岩稜・岩壁登攀、雪上訓練、冬山など積雪期の登頂や縦走……。

　山岳部リーダーの時は、白馬岳（2,932m）残雪期合宿や剱岳・池ノ谷夏期合宿〜北ア東沢遡行〜薬師岳（2,926m）縦走、鹿島槍ヶ岳（2,889m）〜五竜岳（2,814m）冬期縦走、日高山脈中部積雪期縦走などに打ち込んだ。

　久恋の初ヒマラヤ行は、ネパール・ロールワリン山群（エベレストなどクーンブ山群の西隣）の一周トレッキングと6,000m級登山。その後、当時世界第2位の未踏峰・ナムナニ（＝グルラ・マンダータ7,694m、西チベット）の日中合同登山隊に報道班で参加し、7,260mまで登攀。大阪市立大学山学会では、未踏峰・四光峰（＝パルンツェ7,308m、エベレストなどクーンブ山群）の登山隊に参加し、登頂した。

　ふり返ると、在るがままの自然に自ら踏み込み、そのなかを往く過程、さらに未踏峰の登頂に魅了され、山登りを続けてきた。

　仕事は、全国紙の新聞記者から自然保護の市民団体に転身、その事務局長を経て理事（ボランティア）を務めてい

る。

　時は流れ、今では新型コロナ禍のすき間をねらってヒマラヤのトレッキングに訪れ、"自身未踏"の名山登りや低山歩きを続けている。

　近ごろは山登りに出かける時、——妻や娘に"また山か"と思われたくないな——そう思い始めた。

　で、「修行に行って来ます」と冗談を飛ばしてぷいと出る。山登りは誇り高き？趣味のつもりだが、言わば、ただの道楽。オタク状態をまぎらわせて我が家から脱出するため、「修行」と茶化している。

　ところが、最近になって、である。山登りも、本当に己の修行に出かけているのではないか。そう思うようになった。

　南アルプス・甲斐駒ヶ岳（2,967m）の山小屋で出会った若者が話していた。

「6時間も7時間も登ったり下ったり。小屋の寝床は狭いし。嫁はこんな苦しいことしてるなんて思ってないっすねえ」

「そうそう。洗濯物が増えるだけー、とかね」と私。

「ひとりで好き勝手旅行して。酒くらって、ぼーっとしてるだけ。そうとしか思ってないっすよねえ」

　で私は、「山なんかにお金遣って、とねえ」……。

　確かに、わざわざ遠く、山奥にまで分け入る。時には10時間の登りに喘ぎ、びっしょり汗をかいて耐える。シャワーもできず、山小屋は1畳に2、3人も詰め込まれ……本

降りならば濡れネズミ。ほんと、バカな趣味ではあるなあ……。ずーっと、そう思ってきた。

　ふり返ってみると、子どものころから身近な自然にふれ親しみ、やがて学生時代から山に登り、その魅力に惹かれ、引き込まれてきた。そして、月日は流れた。

　しかし、若いころからつながる山登り……自然のなかを歩き、山に登る、という行為は、はたして、いったい何なのか。一度も止めることなく、惰性とさえ思える行。

　この私は、何を目ざし、何をしようとしてきたのか。

　何を、求めているのか。

　突き詰めることもなかった、山登りとは、何ものなのか。

　未だ、判然としないまま、である。

　マロリーや先鋭的アルピニストたちの登山のねらいは、人類の未踏への挑戦である。遍くほどの未踏峰の時代、それは明らかだ。

　しかし、「未踏」だけではない。その内にも秘められた何かがある。私自身もヒマラヤの未踏峰を目ざしたが、その奥にも潜んでいるだろう"なぜ"の答えは、いったい何ものなのか。

　それだけではない。未踏の峰や岩壁でなく、登山客にぎわう山にも多くの人たちが集い、頂を目ざす。それはいったい"なぜ"なのか。

　やはり、「なぜなら、そこに、山があるからだ」──なの

か。

　行ったこともない初めての山に登り、「日本百名山」を
目ざす……言葉にもならない自然の在り様、そう、雑木、
針葉樹、木漏れ陽、苔覆う林床、渓流、岩帯、尾根、霧、
雲、白雨、黎明、残照、高山の草花、鳥、獣、そして雪
……。

　そんな出合い、ふれあいを追う。登行のなかで、そして
山頂で、あの大展望、絶景に心震わせる……。

　登頂だけではない。登り第一歩の足元から、山頂、下山
までの、その過程の達成を体感する。あるいは、だれもが
登っていない、踏んでいない頂やルートを往く。

遠望の北アルプス黎明

しかし、それら多様な存り様も、意味合いも、いつも散在浮遊し、有機的につながることはなかった。

　いったい、山に登る、その正体とは何なのか。

　はたして、正体なんぞ、無いものなのか。

　この小稿は、それらを見つめるため、心の底のナゾを追い求めた―山登り原論―という雑記である。

　前半、山登りの相手である山や自然は、壮大無比なる"気まぐれな"存在であることと、その「自然性」、「自由性」にふれた。私たち登山者は、それに惹かれ、だからこそ純粋に、まぎれのない自我という個を反射される。

　後半、山登りはその個の生を確認することを原点に、登山者はその「自然性」と「自由性」のなかで、彼の個から積極性を展開していくこと、そして、それらが生きることや人生にもつながり重なることを伝えようとした。

相手は─自然─そのもの

　なぜ、山に登るのか──その答えであろう "頂" につながる "登山口" から始めると。

　人類の未踏への挑戦であろうが、大衆だれもが登る山だろうが、山登りは無論、自然を対象とする、自然を相手にする。競技スポーツとは違って、あくまで自然が、第一義として存在している。

　もう一つ、その自然は無論、私たちが "勝つこと" ができない相手である。

　山登りはあくまで、自然と "闘い"、自然のなかで闘うものである。

　山国の日本でわざわざ調べることもなかった「山」を事典で繰ってみた。『ブリタニカ国際大百科事典小項目事典』を使わせていただくと、「山」とは──

　かなりの高度をもった地表の凸部。厳密な定義はないが、地形学的には一般に起伏量が数百ｍ以上で、その構造が複雑なものを山と呼ぶ。起伏量が400〜500ｍ以下の凸部は丘陵と呼ぶ。山地は起伏量、高度によって高山、中山、低山に分けられ、成因的には火山と構造山地に分類する。前者は孤立峰をつくることが多く面積は小さい。後者は大規模な山地をつくる。これは褶曲、地塊山地、曲隆山地などに大別される。

残雪に芽吹く大山

　山（やま）とは、周囲よりも高く盛り上がった地形や場
所のことをいう。地形学では丘陵や台地よりも周囲との相
対的高度差（比高）や起伏が大きいものを指す。平地と比
べ、傾斜した地形から成る——

　"「山」を眺めて"みると、山登りは、地表の凸凹部に入
り、"人為"以外の自然を対象に登行する行為——と言え
る。
　未踏の峰やルートが完登されたり、記録的な探検や冒険
が完遂されたりすると、「征服」と報道されることがある。
ただ、それにはメディアの表現の拙さを感じさせられる。
　山や自然が、私たち人に征服されたり負けたりすること

はない。山に登ってその大自然を征服した、自然に打ち勝ったという表現は避けたい。歴史的な航海や探検で自然の脅威を克服したり、先住民族を征服したりしてきた残像なのだろう。人間が自然を開発し利用してきた既成的価値観を疑問もなく受け継ぎ、山や自然を人間から外部視することから生まれる錯覚でもある。少なくとも、そのような驕りを感じさせる登山家はいない。

　山登りはあくまで、＜自然のなか＞を前提とする活動である。
　その自然は、人間が開発し尽くした"自然まがい"ではない。
　地形的な「山」全体、つまり谷や沢、池沼、植生なども含めた地表の凸凹部。それだけでなく、当然それらをとりまく気象など生態系現象のすべてである。
　だから、自然こそが主要な対象でない"登山まがい"は、山登りとは言えない。舗装されたハイキング道がやたらきれいに整備された丘に登っても、「山登り」とは感じにくい。
　大阪には、7つ8つの低山の登頂を勧める楽しい団体もある。日本一標高点が低い天保山（4.53m）では、公園内で山を探していたらもう山頂を踏んでいた、という"思い出深い"登頂になった。これも「登山」かもしれないが、堂々たる人工公園での"登行"を山登りと言うには抵抗がある。
　競技スポーツは、トラックやスタジアム、グラウンドと

いった条件が定められた均一的な場で行うことが多い。悪天のなかで行われることもあるが、中止したり延期したりする。スポーツクライミングも、設定されたルールなど競技条件のもとで行われるため、一般的な山登りには入らないだろう。

　しかし、登山の場合、対象は、要は「山」、自然である。第一義的に、自然を欠くことはない。市町村、都道府県そして海外、ほぼ世界中の山々が相手。広がりは千差万別……自宅の裏山から、ヒマラヤ、カラコルム、チベット、南極まで、果ては無い。空間の様相は、千変万化、変幻自在である。

「競技」ではない山登り

　山登りはスポーツなのかどうか──こんな問いかけも耳にする。

　考えると、山登りは、いわゆる競技スポーツではなく、それとは別の性質を併せ持っている。競技スポーツの前提とも言える、人間活動の根源的な領域を本質としていると言えるだろう。

　言い換えれば、ゲームをするだけでなく、ゲームそのものの存在や取り組み方、どのようにゲームするのか、人としてどう関わるのかを本質としている。

　陸上や球技、体操などは、記録や得点、技術を競い、人やチームと戦う競技スポーツである。ルールや取り組む条件などを設け、人や団体と記録などを競う。趣味の草野球も試合なら勝敗があり、記録も残る。広域的に競技を運営管理する連盟などの団体があり、選手登録や記録、得点、勝敗なども管理される。

　山登りの分野でも、「登山」競技が高校総合体育大会で行われており、国民体育大会でも 2007 年までは「山岳競技」があった。盛んになってきたトレイルランニングは、陸上や山岳競技、登山の性格を併せ持っている。

　競技とは別にある山登りは、関心の高い健康維持や生きがい、人的交流が目的の生涯スポーツやレクリエーショナ

ル・スポーツなのだろう。ここ二、三十年ほどブームに
なってきた山登り、人気の高い「日本百名山」などを目ざ
す一般的な登山は、ルール・条件設定がほとんど無く、レ
クリエーションのように自由に為すものだろう。

　そして、マロリーのように未踏や初踏破に挑む探検登山
や冒険登山がある。これらも、競技スポーツのように点数
がついたり、勝ち負けを競ったりするものではない。

　ただ、ヒマラヤの高峰などでは、どの登山隊が、また誰
が、いち早く未踏の頂を踏み、難ルートを初登破するかと
いった一番乗りや難攻完遂を目ざす。つまり第二義的に、
初登頂や初登攀などで人や記録と競うことはある。しか
し、登山の手法に条件やルールは設定されていない。高所
登山で酸素を使ったり無酸素だったり、競技スポーツのよ
うに同時性もなく、当然ながら天候も千変万化。言うなら
ば、その山登りの目標が「成」なのか「否」なのか、結果
だけが"争点"である。対戦相手との勝─負ではない。

　だから、山登りにはほとんどの場合、観客がいない。ス
タジアムのサポーターも存在しない。アメリカ・ヨセミテ
の岩壁などでクライマーに望遠鏡を向けるウォッチャーは
いるが、山奥まで入って登山家や登山チームの苦闘を楽し
む観客はまずいない。

　近代登山が始まってから1990年代ごろまで山登りの主
流は、競技スポーツではない。自然のなかで、己や己た
ち、またその想いと闘うという探検的、冒険的要素を強く
そなえてきた。

　山登りは、探検や冒険にスポーツ的要素が混在した独特の活動であり、それこそが源流である。レクリエーショナル登山も含め、そうした本質をそなえ、今に伝えられているのだろう。「競技」ではない山登りは、人間活動の根源的な領域を本質としている。

　「なぜ、山に登るのか」「なぜなら……」——の問答は、ここに生まれ、広がっていった。

2　壮大無比

人は、抗えない

　山登りで相手にするのは、計り知れず複雑極まりない自然である。

　私たちはそのなかに、何らかの形で分け入る。

　高さ数百 m の里山から 8,848m のエベレストまで、水平的には大陸や島嶼の高み、すべてである。

　山登りは"挑戦"とも言える。だが、程度の差こそあれ、私たち人は言葉も見つからぬほど"ちっぽけ"すぎる、"ひ弱"すぎる、"儚"すぎる。

　山岳遭難がしばしば報道されるが、数百 m の低山でさ迷い、滑落した沢で力尽き……日本アルプスでは、残雪期の突発的な吹雪に対処できず、また雪崩を避けられず一度に数名が死んでしまったり……高齢者など多様な層の登山ブームにより、計画から下山までのすべての技能が、自然の壮大さに対応できなかった遭難が繰り返されている。ベテラン登山家やアルピニストたちが冒険的に遭遇したアクシデントとは質が違っている。"遭難の大衆化"である。

　新聞記者をしていた1982年ごろ、北アルプスの遭難死亡者が記録開始以来 1,500 人を数えたという原稿を紙面化したことがあった。いつか自分もそんななかに……と感じつ

つ記事を書いた。想いを弾ませたはずの山行で自ら生を失う、という事実には、今でも窒息しそうな闇が過ぎる。

　山や自然は、私たち人にとって、あまりにも壮大無比である。
　比べることすらできない存在、と分かってはいる。
　しかしどうしても、山や自然にまつわる経験値が、山登りの力量の過信につながることがある。それが、壮大無比なる存在の認識を狂わせてしまう。
　山登りでは、その相手、山や自然に"負ける"ことはあっても、"勝つ"ことはない。山行こそ成功しても、山を"征服する"ことはできない。

薄暮　山並み重畳

山、自然には、私たちがどうしても掌に収めることができない壮大さ、複雑さ、でたらめさ、そして端正さ、がそなわっている。

　人は、それらに抗えない。どうしても、抗うことはできない。

　夏、北アルプス黒部峡谷・下廊下の断崖に切り拓かれた水平道を踏破したときだった。沢筋に残った雪渓が突如割れ、危うく死んだかもしれない、という事故に遭った。

　3人パーティの2番目を歩いていた。志合という谷間に入って休憩するため、私は足元の雪渓にピッケルを突き刺した。間髪入れぬ瞬間だった。バーン、という凄まじい轟きが起きた。目の前の雪渓が見事二つに割れた。何が起きたか識れぬまま、体はその合間に落ちた。あっという間もない出来事だった。

　しかし、割れた雪渓ブロックはもたれ合って止まり、谷底まで崩れ落ちなかった。私は辛くも一方の上面に乗ったまま止まり、這い上がった。なんと、無傷の幸運だった。

　メンバーは、私がブロックの陰に消えたため谷底まで転落した、と思った。近くの登山者も、轟音とともに私の姿が消えたため、"奈落から生還"した私に思わず声をかけた。

　積雪期の3月、北アルプス・笠ヶ岳（2,898m）から槍ヶ岳（3,180m）へ縦走し、槍の西面・西鎌尾根から奥丸山北東尾根へ下降したときだった。2日ほど降り積もった新雪の雪崩に遭いかけた。

　先頭でラッセルしていた私の足元から、グバーッという、鈍く低く重みのある音が響いた。瞬間、前方へ十数ｍの亀裂が走った。しかし、たまたまダケカンバが１本だけ生えていた。その枝を咄嗟につかみ、新雪もかろうじて崩れ落ちなかった。底知れぬ不気味な音は、今でも忘れられない。

　これらはちょっとしたアクシデントだったが、ヒマラヤの氷雪なら、丸の内のビルサイズの凄まじい崩壊が起きる。その端にかかっただけでテントが飛ばされ、埋没死したケースもある。

ひ弱さゆえの憔悴

　冬山では、北アルプス立山連峰・奥大日岳（2,611m）から剱岳（2,999m）も目ざし、12月20日過ぎに入山したことがある。

　富山県上市町の馬場島から登り始めたとき、雪はまだ膝下までだった。ところが翌日からは"見事な"西高東低の冬型気圧配置が続き、連日ドカ雪に見舞われた。大陸の高気圧は最高なんと1,070mb（hPa）を超え、一方の低気圧は最低970mb（hPa）台という厳しい気圧配置もあった。特有の湿雪がわずか一晩で1mも積もり、昭和51-52年（1976-77年）の「52豪雪」とも呼ばれた。

　あまりの降雪のため、1日に進めた距離が二百数十ｍという"雪中行軍"もあった。雪山に2週間閉じ込められ、空がのぞいたのはわずか1時間ほど。下山時、登ってきた尾根の形はすっかり変わり、どこを下っているのか分からなかった。雪庇もひどく張り出し、私の目の前で1名が雪庇とともに谷側へ転落した。運よく這い上がれたが、「こらダメや」と思わされた。

　ようやく下山できたのは予備日も最終の1月5日。剱岳周辺では遭難・死亡事故が頻発した。私たちが下山口に近づくと、朝日新聞の記者が山荘から雪道を辿り、我々の生存を確かめに来たほどだった。

　雪の北海道では、日高山脈中部の"遥かなる山"ペテガ

リ岳（1,736m）からカムイエクウチカウシ山（1,979m）まで縦走した。3月15日から30日までの16日、行程総延長は約90kmだった。終盤に入った3月25日、危険な二つ玉低気圧が北海道をすっぽり覆い、特有の猛吹雪に見舞われた。

　大陸の高圧部からオホーツク低気圧にすべり落ちる季節風が、息を吐き出すように猛烈な勢いで襲った。テントの金属フレームがしなり続けた。4人パーティの私たちは2人ずつ交代で風上側のフレームに背中を当て、何とかテントの破損を防ごうとした。眠気にうつらうつらしていると、ゴーザーッという轟音とともにフレームがググッと背中に食い込む。その接合部が風の力で擦れ合い、青白い光をパッパッと飛び散らせた。凍てつくテントの闇に走る不気味な発光……底知れぬ自然のエネルギーを象徴する、あまりにも冷徹な閃光だった。

　長い雪中の山旅だった。日高特有の痩せた尾根で、滑落と雪庇崩落に神経を擦り減らされた。さらに、猛烈な暴風雪、遠く長いカムイエクウチカウシの登り……。

　その日高で体験し識ったことは、人が自然の秘めるさまざまなエネルギーにふれ、時には命を絶たれ、時には恵みを受けこそすれ、それに挑み、それを征服し、我がものにすることは不可能だ、ということだった。

　人が山に分け入ろうとしたとき、自然は多様に予想を超えた厳しさを現す。それこそが自然の本質であり、その姿を求めて自然と交わることによって、より深くそれらを識ることができる。そのとき極端に人工的な手立てや他者の

手を借りるなら、自然に交わりその本質を認識することは
できない。

　お粗末ながら、自身のひ弱さゆえ目的を果たせなかった
こともある。山登りは、その山や自然のエネルギーすべて
に対する、己の力量の試行なのだろう。
　山によって己のひ弱さを突き付けられたとき、言い表し
がたい憔悴に苛まれる。その傷痕、つまりひ弱さゆえの
“生傷”は、山登りをする限り、またその経験を凌駕しな
い限り、残り続ける。
　夏の剱岳で、西面の「奥壁」をロッククライミングする
計画だった。所用8〜9時間というルートで、長い登攀にな
ることは分かっていた。しかし、どのようなルートなのか、
その相手、対象を、希薄にしか認識していなかった。結果
的に、なめてかかり、己の力を過信していた。
　私たち2人パーティは、池ノ谷という西面の谷底のベー
スキャンプから雪渓を登り、岩壁下部からルートに取り付
こうとした。左側が深く切れ落ち、ルートはその壁のやや
下から始まるはずだった。
　しかし、どこまで下ってから取り付けばいいのか見通せ
ない。ザイルを出して左右上下に移動を繰り返したが、
取っかかりさえつかめなかった。岩場全体が一様に荒れて
見え、ルートが浮かび出ない。想定以上に下降して取り付
くルートだったのかもしれない。ともかく、足元から、仰
ぐ奥壁上部へルートをつなごうとするが、結びつかない。
焦りがつのるだけだった。

　いたずらに時間が過ぎ、登攀を完遂する冷静な行動さえできなくなっていた。陰鬱な時だけが流れ、もし取り付けても長時間の登攀は続けられない。そう判断せざるを得なかった。あえない、撤退だった。

　富山平野から、屹立する劍岳を望むたび、その雄姿にはさまざまな劍行が重なり浮かぶ。だが、山頂から切れ落ちて晒されるあの黒鉄の奥壁は、私にとって、いつまでも未知なる無念の障壁である。

富山平野から仰ぐ雲間の劍岳

高度差 5,300m

　初めてのヒマラヤ山行は、ネパール・ロールワリン山群のラムドゥン峰（5,925m）の登山と山群一周トレッキングだった。

　往路のキャラバンで山群に向かって歩み、ルートはジリ・ロードという車道から山道に入って行った。久々に緑の木立、若葉のトンネルが続いた。まもなく、行く手には青空が抜け広がり、自（おの）ずと歩みは速まった。

　予期したように高揚を覚え、木立を抜けると、体が解き

ヒマラヤの威容　ロールワリン山群空撮

放たれた。視界には突如、パノラマの大空間が展開した。前山の稜嶺を圧倒し、ロールワリンの山々が波打ち連なり、白く映え聳えていた。

　西は難峰ガウリサンカール（7,135m）から、東は尖峰ヌンブール（6,958m）まで、伸びやかに連なり架かる神々の峰々……黒褐色の障壁に雪が抱かれ、神々しさの証のように映った。ヒマラヤの山座は日本からあまりにも遠く離れ、夢でしかなかった。そのグレートヒマラヤの威容が、思いがけなく、この私の視界に映り上がった。

　山道はやがてグレートヒマラヤに近づき、ガウリサンカールと、未踏（当時）の難峰メンルンツェ（7,181m）も

頂上付近を見せた。透明な朝の陽に磨きあげられて鋭く光り、想像を絶する高さ、巨大さである。一瞬、何が現れたか、と思ったほどだ。まさに、天を突く威容だった。

メンルンツェは手前5,300m前後の稜線の奥にありながら、頂上稜線を屏風(びょうぶ)のように張り連ねている。西隣のガウリサンカールは頂に向かって稲妻のように尖(とが)った稜線を高め、難攻不落にふさわしい"魔城"に観えた。標高差は、なんと約5,300m。畏れ多きヒマラヤの神に見下ろされているようだった。

幸運にも、崑崙(こんろん)山脈を越え、チベット高原に降り立つ機会もあった。日中友好ナムナニ峰(=グルラ・マンダータ、7,694m、西チベット)合同学術登山隊の取材班に入り、登山の前後にチベットの西南縁3,500kmを巡った。

キャラバンの車列はタリム盆地西端のカシュガルからタクラマカン砂漠をかすめ、崑崙を縫った。カラカシ河と別れ、岩砂が支配する狭い谷を登坂し、徐々に開けると標高5,070mの奇台大坂峠へ。

ついに、私の眼は全面に、"遥かなるチベット"をとらえた。

崑崙の支脈も没し、視界は突然、数倍にも広がった。行く手には、灰褐色や黄土色に支配された、隆々たる起伏の連なり……それらは果てのない地平に霞(かす)み、紺空に交わり、雲さえ細かく大地にへばりついている。私たちが往く一条の道も、遠い空間に溶け込んで先は見えない。

チベット高原のなかでも最も高いアクサイチン高原に降

り立った。

　そこにはサンゴや貝の化石が露出していた。太古より、テチス海が隆起し続け、この"地球の屋根"になったという証だった。土は意外に柔らかく、掘り起こしてみた。無論、私たち以外、だれ一人いない。スコップの微かな音が、ゆらぎなく支配する静寂を際立たせた。

　しばらく走ると、新疆ウイグル自治区とチベット自治区の境界を越えた。そしてまもなく、東方に蜃気楼がゆらめき、碧く凍てついた紅山湖や泉水湖が現れた。さらに、20世紀初頭、この地を探検したスウェン・ヘディンがスケッチを描いた、あの峰までも……。

　チベットは、あらゆる、膨大なる自然を見せつけた。

死の匂い──創造の "神"

　ヒマラヤ、エベレストなどクーンブ山群の西北端、チベット側にある未踏峰・四光峰（＝パルンツェ、7,308m）には、登頂に成功した。

　大阪市立大学山岳会が日中友好ヒマラヤ登山隊を結成し、4回にわたる頂上アタックのすえ計6名が頂を踏んだ。私は第1次アタックメンバーに入ったが、烈風のため撤退、翌々日、頂に達した。

　1次アタック隊3名は、6,800mの最終キャンプから7,000m地点に迫った。が、頂上への稜線を見上げた時だった。氷雪の稜線が切り立ち上がり、頂は岩帯も晒してその奥に控えていた。冷徹なる頂上稜線だった。

　さらに烈風が吹きつけ、岩にしがみついて飛ばされるのをこらえた。ヒマラヤの主脈を越えた大気が岩と雪氷にたたきつけ、シュルシュル、ヒューゴーと唸った。風は完全装備のヤッケさえ突き刺すように圧し、立ち止まっているだけで体は冷えきった。

　まだフィックスロープは張れておらず、左右の絶壁、氷河への転落を予想した。危険は極めて高かった。メンバーに声は少なく、無念にも撤退を決めざるを得なかった。

　うち1名は手に凍傷を受け、指先を切断した。別のアタック隊の1名は雪盲に襲われた。さらに私を含め3名は強度の咳き込みにより肋骨にヒビが入り、また2名は強い高度障害に苦しんだ。

　それまで積み重ねてきたさまざまな準備も、活動も、登攀も、簡単には未踏峰の初登頂に結びつかなかった。1次アタックの撤退により、どこか空回りの登山劇だったように感じてならなかった。未踏の頂上までの道のりに、何か不気味な、大きな壁が立ちはだかっているように思えてならなかった。未踏の自然に対する無力さ、ひ弱さ、そして虚しさ……あらゆる負のイメージが交錯する下降となった。

　重苦しい失意とともに、あの氷雪の稜線と容赦なく襲った風、その烈風に森厳として横たわるヒマラヤの姿が、脳裏から離れなかった。

　最終キャンプに転がり込み、ようやく吾《われ》に返った時だった。

　あの稜線で、まさに未踏の自然の姿、純然たる剥《む》き出しの自然の姿に出合うことができた、と気づいた。

　それは、過去の山行でも知り得なかった自然の姿であり、その正体は、未踏の自然が放った"死の匂い"だった。自然が、ちっぽけな人という存在に示した"死の匂い"だった。氷雪纏う稜線の岩脈から放たれる、あの冷徹、清冽《せいれつ》、しかも茫漠《ぼうばく》と横たわる存在からの"死の匂い"だった。

　自然はその"死の匂い"を放つことによって、自然から生かされた私たち人が、自然に死をも支配され、その一部であることを鮮烈に教えてくれた。自然から生命を授かり受けた私たち人は、自然のなかで死を感じ取ることによって、自然に抱かれた存在であることに気づく……そう教え

刃のごとく切り立つ7,000mの岩稜

てくれた。

　裏返せば、人間はそうした"死の匂い"を感じ取ってこそ、自然の一部であることを識り得る。自然から遠ざかり、自然を忘れ、自らの存在の原点を見失った人には、"死の匂い"も遠い存在となる。そこには、人間が自然の一部であるという思いさえ、生まれて来ないだろう。

　ヒマラヤ7,000m未踏峰への"挑戦"は苦闘の連続だった。未踏の自然は、登山の厳しさとはまた別のところに、独特の厳しさを秘めていた。

　それは、人が踏み込むことのなかった、未知なるための厳しさである。未踏の自然は、その世界に入り、それと対峙し、より踏み込もうとしたとき、絶えず、ある種の厳し

さを突きつける。その厳しさを乗り越えることを求めてくる。

　その厳しさは、未知なるがゆえのさまざまな環境に、さまざまな創造を演じていかねばならないことだった。

　未踏の自然は、何ら人的な情報をそなえはしない、いわば無言の存在である。

　人がそれに向かい合ったとき、そこには、こうなる、という回答は用意されていない。未知なるその世界では、人はゼロからの出発を迫られ、絶えず自らの創造を求められる。

　人はそこに分け入ることによって初めて、その自然に交わる手立てをつかみ、全く新しい答えを創り出さなければならない。

　もし、その無言の存在をとらえることができず、あるいはそうした創造から逃避するなら、人は未踏のなかにあっても、その自然から遠ざかってしまうだろう。

　未踏の自然は、創造の厳しさを語りかけてやまなかった。

　あの四光峰で、そうした厳しさをそなえた存在こそが、山や自然という "妖魔" の本質であることを教えられた。未踏の山や自然こそが私たちに放った、未知なるがための創造の厳しさ……その創造を生み出させるものこそが、人にとっての山や自然の本質ではないだろうか、と。

　日本出発から49日、烈風のなか、あの非情なる頂上稜線に向かい合った時、初登頂を目前にしても、その厳しさを乗り越えることができなかった。しかし、未踏の山や自然が放ったあの "死の匂い" は、人があくまで自然の一部で

あることを教え、そのなかに創造を演じることの計り知れない難しさを示した。

　過去、数々の登山隊や探検家たちが未踏の地に分け入り、撤退や死を余儀なくされた。あるいはまた、自然に対する人々のさまざまな営みが同様に追い込まれたことをみても、それは明らかだろう。

　未踏の山や自然は、未知なる本性をそなえ、計り知れない厳しさを秘めている。そして、であるからこそ、まさに自然の本質をそなえ、まぎれなき創造を生み出す聖地なのだろう。

　人はもともと、その聖地から生命を授かり、そうした自然の厳しさのなかに生き続けてきた。未知なる本質をそなえた、計り知れない厳しさの時空に生き延びてきた。未知

乗鞍岳　夕照

なる自然のなかで、創造を演じ続けてきた。人は本来、自
然に抱かれ、自然に生かされながら、創造を営み続けてき
た。

　山や自然は、私たち人にとって、また、あなたにとっ
て、創造の"神"なのである。

その自然性 自由性

　ロールワリン山群・ラムドゥン峰（5,925m）に登頂した
とき、ヒマラヤの自然をこう書き留めた。
　――この、険しく、荒々しく、重畳（ちょうじょう）と連なる第三の極
地、ヒマラヤ。そこには、氷と雪の頂、あるいは岩の壁や
稜線、そして谷を削る氷河が、入り組み、折り重なり、
脈々と打ち続いていた。
　しかも、広大な存在は太古の時より移り変わることな
く、僕の目の前に広がっている。まさに大地創造の絶大な
エネルギーを秘め、その壮大なるさまを今に映し出してや
まない。視界のすべてが、寂莫（せきばく）たるさまである。
　しかし、それらの姿は、あくまで力強く、伸びやか、自
由である。気高く、麗しくもある。なぜなら、それは何の
妨げも受けず、在りのまま、在るがまま、に存在している
からである――

　山や自然は、無論、そのものが、在りのまま、在るがま
ま、である。
　壮大、複雑、冷徹、清冽、あるいは奇怪……。反面、麗
しさ、端正さも秘めた、壮大無比なるもの、そのものであ
る。
　もちろん、人は、それに敵（かな）わない、抗うことはできない。
山や自然の、その自然さ、自由さ、と戦うことはできな
い。

郵便はがき

料金受取人払郵便

新宿局承認
2524

差出有効期間
2025年3月
31日まで
（切手不要）

160-8791

141

東京都新宿区新宿1－10－1

(株)文芸社

　　　愛読者カード係　行

‖l‖l・‖l‖‖l‖‖‖‖‖l‖l‖‖‖l‖‖l‖l‖l‖‖l‖‖l‖‖l‖l‖l‖‖l‖l‖l‖l‖

ふりがな お名前		明治　大正 昭和　平成	年生　　歳
ふりがな ご住所	□□□−□□□□	性別	男・女
お電話 番　号	（書籍ご注文の際に必要です）	ご職業	
E-mail			
ご購読雑誌（複数可）		ご購読新聞	新聞

最近読んでおもしろかった本や今後、とりあげてほしいテーマをお教えください。

ご自分の研究成果や経験、お考え等を出版してみたいというお気持ちはありますか。

ある　　　　ない　　　内容・テーマ（　　　　　　　　　　　　　　　　　　）

現在完成した作品をお持ちですか。

ある　　　　ない　　　ジャンル・原稿量（　　　　　　　　　　　　　　　　）

書　名	

お買上 書　店	都道 府県	市区 郡	書店名				書店
			ご購入日	年	月	日	

本書をどこでお知りになりましたか?
1.書店店頭　2.知人にすすめられて　3.インターネット(サイト名　　　　　　)
4.DMハガキ　5.広告、記事を見て(新聞、雑誌名　　　　　　　　　　　　　)

上の質問に関連して、ご購入の決め手となったのは?
1.タイトル　2.著者　3.内容　4.カバーデザイン　5.帯
その他ご自由にお書きください。
(　　　　　　　　　　　　　　　　　　　　　　　　　　　　　　　　)

本書についてのご意見、ご感想をお聞かせください。
①内容について

②カバー、タイトル、帯について

弊社Webサイトからもご意見、ご感想をお寄せいただけます。

ご協力ありがとうございました。
※お寄せいただいたご意見、ご感想は新聞広告等で匿名にて使わせていただくことがあります。
※お客様の個人情報は、小社からの連絡のみに使用します。社外に提供することは一切ありません。

■書籍のご注文は、お近くの書店または、ブックサービス(☎0120-29-9625)、
セブンネットショッピング(http://7net.omni7.jp/)にお申し込み下さい。

かつて　探検家たちが分け入ったネパール・ヒマラヤのランタン谷　氷河
から仰ぐ峰々に　彼らは何を感じたのだろう

　それら山や自然の生態的な性質を、「自然性」、「自由性」
と表現しよう。

　であるからこそ、だろう。
　その自然性、自由性が、私たちやあなたの人間的な精神
意識に投射されることにより、また投射されたとき、私た
ちは、あなたは、精神性においても、山や自然の本質、特
質を捉えることができる、また、捉えることとなる。
　そう、そうした精神性における本質、特質もまた、山や
自然の「自然性」であり、「自由性」である。
　加えて、そこにこそ、私たちやあなたに山登りが必然的
に生み出される「創造性」も秘められている。

山や自然は、自然性、自由性をそなえる存在であるから
こそ、人にとっても、自由を感じさせる存在、"自由なる
存在"である。あらゆる人の行為に、あらゆる自由と創造
を生み出すことができる可能性を秘めている。そうした本
質、特質をそなえている。

　山や自然は、自ずとそう成るだけ、そう成っていくだ
け、の無垢なる存在である。

　何にも染まらない真っ白な存在であり、まぎれもなく何
にもとらわれることのない、自然性、自由性をそなえてい
る。

　それは、山や山登りや自然にまつわる精神文化の源泉と
も言えるだろう。山岳にまつわる信仰や宗教が多様に生ま
れ、伝わり、受け継がれ、やがて探検や冒険登山を派生
し、今、私たちの、あなたの山登りの波打ち際へと辿り着
いた、本質、特質である。

　あなたが、登ろうとする山々を遥かに遠望し、あるいは
仰ぎ、対峙したとき、そこに何を観るだろう。映像でもい
い。あなたは、その自然の在り様はもちろん、太古からの
自然史や転変万象を想う。また、山人たちの営みや足跡、
道程をも想い、そして、自身の人生やその未来が在ること
そのものを、おぼろげにも浮かべるかもしれない。

　山々との対峙は、私たちの、あなたの、人自身への精神
性の投射でもある。

3 「積極性」からの物語

「山恋」から

　山や自然は、人にとって壮大無比なる存在である。それらが、対人間的に私たちの精神に投射されるとき、在るがままに「自然」であり、「自由」な存在として認識できる。

　そこで、私たち人は、山や自然にどのように交わっていくのか。

　それは、山に登ろうとする私たちが、憧れるだけ、である。

　山は、自然は、私たちが微笑もうとしても、見向きもしない。

　優しく癒やしてくれても、表面かぎり、また、ひとときだけでもある。

　私たち人は、山に恋するだけ、あらゆる想いを募らせ、寄せるだけである。

　そう、山登りは、「山恋」から始まる。一方的な「恋」である。

　山登りは、私たちのそんな想いに何一つ返してくれない山や自然への「恋」である。

「恋」をしても、土砂降りや曇りばかりの山行もある。傷つき、時には死に招かれることさえある。

「『愛』は、自我と相手のダイナミックな両極性にある」という著述がある。しかし、山登りはこれに当たらない。

壮大無比で手には負えず、冷徹でさえある存在を、私たち人が受け止めるだけの行為である。

だからだろうか、山登りのすべては、ここから生まれ、始まる。

あの圧倒的な威容、高度、あるいは烈風、蒼氷、酷寒……。

絶え間なく変幻しようとも、人は、あなたは、山や自然に何かを求め、分け入ろうとする。

ちっぽけでひ弱なこの身に、何か迫りくるものがある。こころ震わせ、感じ取れるものがある。それが山や自然に向けられる「恋」である。普遍なる魔性なのかもしれない。

在るがままであり、自然であり、自由である山や自然に、私たちはただ、ふれ感ずるように、応ずるように、誘われる。

それは、すべてを超えて……である。

私たちが、あなたが、無意識的に、あるいは意志をこめて山に向かおうとするとき、登る人も、その行為も、すべてを超えて、山や自然に統一される。

そう、山登りの性格は、この積極性にある。

山に登るという、滾々といずる清水の正体は、この積極

46

南アルプス・聖岳を登る山人たち

性にある。

　どんな山であれ山行であれ、登ろうとするとき、おぼろげながらも計画を描く。初めての山なら細かに行程も描き、完遂のために万全を期す。

　自身の力に合った山なのかどうか、逡 巡 もある。

　天候が思わしくないこともある。

　決行を迷い、あえなく止めた"幻の山行"もある。山屋なら、消えた計画もいくつかあるだろう。

　ただそれは、ひょっとすると、行けなかった、のではなく、行かなかった……のではないか。

47

山登りは、行くか、行かないか、である。そこには、積極性という、山登りの正体がある。

　高校の時からヒマラヤの山々に憧れた。大学で山岳部に入り、何はともあれ「行きたい、登ってみたい」と、ネパールへ飛び出した。あの決行は、まぎれもない積極性の結晶であった。
　体力や行動力の優劣、金銭の有る無し……さまざまな事情はあるだろう。だが、山登りは、要件とは別次元、積極性に根ざしている。

　そして、この積極性は、あの、山の自然性、自由性から育まれる。
　なぜなら、山や自然は自然性、自由性をそなえているが、登ること、分け入ろうとすることを誘ってはくれない。何一つ用意してくれない。何一つ手伝ってはくれない。何も、与えてはくれない。
　そこには、もともと、何も無い。何ごとも、無い。
　だからこそ、私たち人が、あなたが、山や自然のそうした自由性や自然性を自ら感じ取り、憧れ始め、憧れを抱くことができる。
　そして、ただ「恋」をするから、向かうだけである。

宇宙の空

　本格的な山登りの入り口に立ったのは、残雪の北アルプス・剱岳（2,999m）だった。私の「山恋」は、ここから始まった。

　立山（3,015m）・天狗平から別山乗越（2,760m）の峠を越え、初めて剱岳を仰いだ。鈍い黒炭色の岩壁に残雪をまとい、三方に岩稜を従えていた。槍、穂高に並ぶ名峰然、峻険と重量感を露す岩像が立ち竦んでいた。

　5月の残雪を湛えた三田平へ下っていくと、乗越を跨いだ剱岳側の静けさが、沈み込むように深まった。ゴールデンウィークを過ぎた春季、そこにいるのは私たちのパーティ7人だけだった。青紺と白銀の彩る大空間は、静寂を湛えて澄みわたっていた。足跡一つ無い無垢こそが支配していた。

　残雪にステップを切り、北アルプスの主稜線を越えて、ここまでやって来た。まぎれもなくこの自然に、まぎれもなく自分の足で、踏み入った。そこには、これまで感じ得なかった解放感があった。

　山頂を目ざした日も、ほかに人影はなかった。アタックパーティ4名は澄みわたる静の底を辿り、長次郎雪渓を登り始めた。ザッ、ザッと雪を切る靴音だけが震え、残雪を湛える岩峰回廊に清冽が深まった。

　頂のスカイラインはドーム状に紺空と接し、展望はついに、すべてを解き放った。

私には、何の言葉も無かった。

　北から東へ、白馬岳（2,932m）から鹿島槍ヶ岳（2,889m）、針ノ木岳（2,821m）と後立山の連峰が波打つ。すぐ南には、立山、続く薬師岳（2,926m）が泰然と在り、遥か遠く、槍ヶ岳（3,180m）、穂高が突き出ている。中央アルプス、南アルプスの連峰は、必然かのようにうねっている。

　風さえなく、一片の音さえ遮りはしなかった。その空間に、黒鉄の岩体、残雪の尾根と谷、峰々、頂がそれぞれの姿を堂々と、しかも生き生きと競り合っていた。

　山々のつながりと広がりを映え高める大空。色はもはや、青というより紫に移ろい、遠くへと澄み深まっていた。それは、空とは思えなかった。宇宙の広がり……と感じたほどだ。ありふれたはずの空の色さえ、初めて出合った彩りだった。

　そう感じた時、この自分、私が、地球の上に在ることを識った。その時初めて、人間として、山、自然の自然性と自由性のなかに立っていることを識るのだった。

　夏の劔岳から槍ヶ岳へ縦走する計画を立てたこともある。『日本百名山』に記される北アルプス「北の俊英」"劔"から、日本アルプス・近代登山のシンボル"槍"をつなぐ、憧れの稜線トレースである。

　劔沢・三田平にベースキャンプを置き、1週間ほど岩登りなどの訓練をしたあと縦走に出発した。全体で2週間ほどの山行である。

　私たちのパーティに、どれほどの体力と、時間や天候な

どへの対応力があるのか。ルート上には、立山、薬師岳、黒部五郎岳（2,840m）、双六岳（すごろくだけ）（2,860m）などの山座が続く。2つの名峰をつなぎ、どのような自然が展開し、我々独自の山旅を創ることができるのか。山々に放たれようとする夢と完遂への不信が交錯する山行だった。

　立山と薬師岳のあいだに広がる五色ヶ原では、これほどまでに星というものがあるのか……見紛う（みまご）ばかりの宇宙の空を仰いだ。一転、黒部五郎のテント場では台風クラスの低気圧に襲われた。テントのロープがちぎれ、吹き流しのようなありさまになった。お粗末にも撤収し、山小屋に逃げ込ませてもらった。

　槍ヶ岳が近づくころ、私たちは薄汚れた放浪者のように変わり果てた。風呂に入ることもなく、2週間が過ぎた。それでも槍のテッペン穂先を踏みしめ、誇りも高く、観光客でにぎわう新穂高へ下山することができた。

片想いの山

　南アルプス、日本第2の高峰・北岳（3,193m）の初登山は、雨とガスの灰色模様だった。山頂は全くのホワイトアウト。登山経験の少ない妻と登り、休日も限られていたため仕方なく翌日に下山した。追い打ちのような土砂降りのなか、2人はびしょ濡れになって広河原に辿り着いた。

“リベンジ”には時間がかかった。休日がとれなかったり、腰や膝を弱めていたり……と延び延びになった。

　どうせ登るなら、第3の高峰・間ノ岳（3,190m）と農鳥岳（3,026m）も合わせて白峰三山に──と、山屋の欲も余

白峰三山　3,000m の稜線

52

計だった。南アは北アに比べて峰こそ少ないが、山が大きく鎮座する。南に登ると峰々のデカさ、谷の深さ、緑の濃さに魅了させられる。なんとしても、第2位北岳からの大展望をものにしなければならない……。

やがて熟年の域に入り、ようやく機をはかって決行した。すでにお盆前ながら、天気はまずまず。腰、膝にさしたる異常もない。しかし、体力も落ちた身、北岳─間ノ岳─農鳥岳の3,000m天空稜線を踏破できるのか。

直前、山の神に感謝すべきか、二重になった太平洋・チベット高気圧の支配下に入った。妻と登った白根御池からのルートは朝まだき、小一時間で真夏の朝陽に染められた。囲まれた稜線の向こうは、陰り無き快晴。ちょっとした準備トレーニングのかいもあって、まずまずのペースで北岳、そして間ノ岳を越え、農鳥小屋に着いた。夕立が襲ったが、翌日もほぼ快晴に恵まれた。胸に痞（つか）えていた農鳥岳にもトレースし、大門沢から下降した。大門沢小屋では、出会った登山客たちと盛り上がり、沢の岩場に天然シャワーを見つけて汗を流した。そして終着、奈良田（ならだ）温泉へ。下山して名湯にどっぷり浸かったのは、大分・九重（くじゅう）山の法華院（さん）温泉以来10年ぶりだった。

山屋なら、やっとの思いで辿り着いた山頂もガスったり、本降りだったり……悔しい思いも多いだろう。体力や経験不足から、ただ憧れるだけの名峰もある。大阪に住む私は、遥か北海道や東北の山にはなかなか行きづらい。心に引っかかったまま、時を置いてしまった山もある。

いつも恋をするだけ……そんな“片想いの山”も少なくない。

　しかし、いつかはあの山に。あの頂に。未だ観ぬ、大空間に、大観に。

　そして、ついに、「あの山」に遂げた、代え難き満ちたる思い。

「あの山」に残した自らの足跡は、もう、“片想い”からの解放の証である。

　積雪期山行では、３月、北アルプスのど真ん中を縦走することができた。山岳部の先輩リーダーが計画した独創的なルートだった。

　信濃大町から急登ブナ立尾根—烏帽子岳（2,628m）—南沢岳（2,626m）—奥黒部を経て、赤牛岳（2,864m）—水晶岳（2,986m）—ワリモ岳（2,888m）—鷲羽岳（2,924m）—双六岳—そして槍ヶ岳、下山は大喰岳（3,101m）の西陵。北ア核心部をラウンドするように雪の峰々をつなぐ、厳しくも冒険的な山行だった。

　全行程11日。他のパーティには全く出合うことがなかった。私たちのパーティ４人だけが新雪にトレースする、清澄なる山旅だった。

　槍ヶ岳南側の大喰岳西稜をガスのなかで下降し、蒲田川に沿って新穂高に下山した。林道わき、クマザサが溶け始めた雪を払いのけ、サーッと音を立て高茎をもたげた。長く厳しい冬から、風も空も和み始めた早春への移ろいが瑞々しさを告げた。新穂高に着くと、バスターミナルの屋

根雪が陽光にゆるみ、ザザーと滑り落ちた。そのたび、山あいの空気がやわらかに揺れた。

　自然の端正なるさまと満ち満ちる機微が、山に分け入った私たちに与えられた。山は、自然は、私たちの感性をも織りなし、「山恋」に仕立ててくれる。

春の祖母山　迎えてくれた霧氷

遥か日高の雪洞に

　日高山脈の３月山行では、風雪と酷寒を避けるため、コイカクシュサツナイ岳（1,721m）からカムイエクウチカウシ山（1,979m）への稜線上に雪洞を造り、３晩を過ごした。

　パーティ４人が寝泊まりできる雪洞の完成まで、３時間半もかかった。特有のザラメ雪のため掘っても崩れ、３か所目でようやく何とかできあがった。広さはテントぐらいだが、天井は低く、胡坐をかいても頭がつかえた。

　中には断熱マットを敷き、小さな棚を作ってろうそくを灯した。洞内は白く浮かび上がり、ザラメ雪の粒がキラキラ輝いた。窮屈だったが、いつものテント生活とは違った、厳冬から贈られた雪の御殿となった。

　日高の雪洞は居心地がいい。湯を沸かしても雪はほとんど溶けない。例の冷たい水滴も落ちてこなかった。翌日、翌々日も雪とガスのため停滞し、雪洞にこもった。しかし、北アルプスのように天井がゆるむことはなく、快適さは変わらなかった。

　雪は、冬期登山の宿命である。しかし、北海道・日高の稜線に雪洞で過ごし、テントにはない"恵み"をいただいた。私たちの創った白き御殿には、自然に同化する、充実した時が流れた。

　３日後、風雪は鎮まり、目ざす最終の峰、カムイエクウチカウシへ。

　入山からすでに14日。体重も落ち、疲れのたまった体には厳しい雪稜だった。痩せた尾根の視界の奥に、ピラミッドピークの四角錐が切り立つ。さらに苦しさをまぎらわせ、カムイエクウチカウシの白き稜線を見上げる。その自然のなかに、獣のように息を荒らげ、尽きない白雪を見つめながら、喘ぐ己が在る。

　そこには、清らかな稜線を辿る苦しみと喜びさえあれ、自然への征服欲はおろか、自然に戦いを挑むといった気負いもない。ただ、自然のなかに生まれ、自然のなかに生かされるヒトの姿が、この稜線の己に縮図化されている。それ以上でも、以下でもない。

　自然に分け入る人の、あくまで素朴な山への「恋」と交わりがあるだけだった。最後のピークが迫った安堵と、日高第2の高峰に立てる到達感……またそれ以上に、白いステップを重ねながら、遥か日高の自然と無心に交われる共生感に浸っていた。

　待ちわびた時は来た。東西両側の稜線が左右からせり上がり、足元の稜線もひとつの高みに集約された。カムイエクウチカウシ、山頂だった。午前10時5分、4名はついに、目ざしたピークに辿り着いた。数メートルほどのドーム状の白い頂だった。ようやく開けた北側には、日高最高峰・幌尻へ続く山並みと白い大地が霞み果てていた。

ヒマラヤふたたび

　ヒマラヤの頂に初めて立ったのは、先述のロールワリン山群・ラムドゥン峰（5,925m）だった。

　私たち3名はピークに向かって、緩やかに延べられた雪面を進んだ。一歩、一歩、徐々に徐々に、展望が開けてくる。疑うこともなく、だれの足跡もない。私たちは、ただ、ただ、おおらかに白く無垢な広がりに、私たちだけのトレースを印した。日本出発から30日、その青と白の光の像に導かれ、最後の高みへ。そこが、堅雪のうねる頂点だった。

　午前11時20分、3人はラムドゥンの最高点に立った。頂は雪のドームの南寄りにあり、さらに南面は絶望的な落差と角度でヌブレ氷河へと落ち込んでいた。カメラのファインダーに光があふれ、ロールワリンの山々が目映く煌めきあった。

　西からはガウリサンカール、チェギゴ、ハーカンへ……ネパール・チベット国境稜線のスカイラインは、鋭く切りとられて磨かれ、障壁を連ねる。奥にはメンルンツェが不落城のように頂上稜線をもたげ、その東に峻険な6,000m峰リピムツェ、パンブクなどが突き立つ。やや手前にはチョブツェ、タカルゴが牙のように肩を並べ、さらに東へ、パルチャモ、ピクフェラゴ西峰、東峰へと続いている。パルチャモの北側には、帰りのキャラバンルートとなるテシラプツァ峠の落ち込みも見える。その奥に7,000m

近いテンギラギタウが初めて現れ、山群東端にはヌンブールの尖峰も屹立している。

山座峰々は、東へ西へ、北へ南へ入り組み、力のままにのたうつ。しかし、デタラメながらも法則をもって、それぞれの個性を誇り、高め合っている。

遥か西方を見やれば、ガネッシュ、ランタンの山群も隆々波打ち、遠望果てない山並みが大空に溶け込んでいる。ようやく視線を北へ転じると、名も知れぬチベット領の山座も並び立つ。北東に目を凝らせば、8,201mのチョー・オユーだろうか、黒々とした巨体が主のように構えていた。

ヒマラヤ登山に3度行ったあと、想い焦がれるだけの長い時が流れた。仕事に追われる所為にしてきたが、あの壮烈なる様は頭と体に刺さったままだった。ラムドゥン峰や四光峰登山のあとヒマラヤ行は途絶えたが、「山恋」が終わることはなかった。

"とにかく、またヒマラヤを観たい、ネパールに行きたい"……。

ヒマラヤへの恋は、ささやかに実り、再びネパール・ヒマラヤを訪れることができた。ダウラギリとアンナプルナという "我が未観望"の8,000m峰2座を仰ぐトレッキングツアーに参加し、遊覧マウンテンフライトも体験した。

行程は、関西国際空港―仁川―カトマンズ―ポカラ（車）〜タトパニ（車）〜チトレ〜ゴラパニ〜プーンヒル（3,194m）〜ヒレ（車）〜ポカラ―カトマンズ―遊覧飛行

雪煙を飛ばすアンナプルナⅠ峰の山頂部　人類が初めて登頂した8,000峰となった

―カトマンズ―帰国。山中の宿泊も、テントではなくロッジ。10日足らずのヒマラヤ行だったが、一生分の好天を使い切ったような晴天続きだった。自然なる神々に気配りいただいたのか、久々のヒマラヤ、ネパールを満喫させてもらい、ひたすら感謝した。

　コース最高点のプーンヒルからは、ダウラギリⅠ峰（8,167m）やアンナプルナⅠ峰（8,091m）など180°超の大観だった。視界の東端には、アンナ山群の隣、マナスル山群のヒマルチュリ（7,893m）まで浮かび、壮観そのもの。快晴、ほぼ無風だったが、2つの8,000m峰はさすがに雪煙を飛ばしていた。双眼鏡で頂上付近を仰ぐと、かつて初登頂時の死闘を思い描かされた。

　カトマンズ―ポカラを移動する国内線飛行機や、カトマンズ―エベレスト往復の遊覧飛行では、日本隊が初登頂したマナスル（8,163m）、世界第5位のマカルー（8,463m）なども初めて確認できた。この飛行だけで、第3位の高峰カンチェンジュンガ（8,586m）からダウラギリⅠまでを見晴るかす圧観だった。これで、過去のヒマラヤ行での遠望も合わせ、ネパール・ヒマラヤの8,000m峰9座を観ることができた。

　遊覧飛行の折り返しではロールワリン山群の南側に近づき、先述のラムドゥン峰と、翌日登ったその北西峰5,870mも確認。チベット方向の最奥にはあの四光峰も遠望し、私が登頂した3峰をなんとかカメラにおさめることができた。

　ロールワリンを見送ると、西隣ランタン山群の峰々が連なり始めた。その盟主は、私が属している大阪市立大学山岳会が初登頂した秀峰、ランタン・リルン（7,227m）。頂は、3次におよぶ登山隊が執念によってものにした。しかし、ひときわ優美な姿は、遭難死3名という苦闘を思い浮かばせない。

　そのランタン山群には、新型コロナ禍をはさんだ後、ようやくトレッキングで訪れることができた。

　言い古されているが、ランタン谷は、英国の探検家・登山家のW・H・ティルマンが1949年に分け入り、「世界で最も美しい谷のひとつ」と紹介したことで知られる。

　私たちは、ランタン・リルンのベースキャンプとなるキャンジン・ゴンパを過ぎ、もう1日奥のランシサ・カルカという放牧地まで入った。歩き始めて4日。まだ、ティ

ルマンが追い求めたであろう〝空白の地〟ランタン氷河の末端付近である。

　それでも、7,000〜6,000mの白銀の高峰群が氷河奥部へと遠く立ち、その向こう、チベットとの国境を分かつ刃のような稜線を連ねていた。あのティルマンも仰ぎ望んだ、あの「最も美しい谷」は、今も変わることなく、その光の像を投げかけたのだろう。この谷に次々現れた岩と氷雪の創造物とそれら群体は、容赦なく威容を晒し続けた。

　かつての登山からすると、ささやかなヒマラヤ旅行だった。

　しかし、いったい、これら壮大なるモノは、何者なのか。私たち観る者に、何を抱かせようというのか。

　今なお、この山脈のありさま、自然性、自由性は、凄まじい。そうとしか言いようがない。「第三の極地」は、まさに言い得ている。

　ただ、私にはもう、ヒマラヤの峰々に登ることは叶わないだろう。この山々に、もう一度でいいから登ってみたい……それは「片想い」に終わるかもしれない。

「積極性」からの旅立ち

しかし、私たちは、あなたは、その山々や自然に胸動かされ、憧れ、癒やされ、無形の意義や価値を与えられ、潤されてきた。

日本アルプスなら晩秋の林道でさえ、落ち葉たちが紅や浅黄や黄褐といった彩を道いっぱいに描いてくれる。透き通る五月空の峰々なら、残雪だの芽吹きの山肌だのそれぞれの装いを映し出してくれる。またヒマラヤなら、氷雪や岩塊の波を雲海のように視界の果てまで晒してくれる……。

私たちは、あなたは、それこそに焦がれ、魅了され、それをつかもうとすることができる。だから、あなたは、そこに分け入ろうとする。登ってみようとする。

そう、その積極性こそが、山登りの素性、本質、そして可能性である。

山登りは、人の根源的な思い、源泉、発露から発生し、そうした積極性を本質としている。

繰り返すが、それは、山や自然が自然性、自由性をそなえ、私たちの、あなたの、自然なる積極性を減じることなく、積極性が育まれる本質をそなえているからである。

私たちの多くは集団的な生活に慣れ、慣らされている。学校・大学、会社、団体、事業……何らかの社会的組織や

仕組みに属しているケースは多い。私たちは社会的な所属によって、意識的に希薄でも社会性を帯び、集団的な関係性をそなえている。そのなかで動的関係性をもち、影響を受け・与えるが、受動性を高めている傾向は強い。

　企業社会では、クリエイティブな"パイオニア"事業に取り組んだとしても、すでに大きな社会過程のなかに組み込まれ、そのように錯覚しているケースもみられる。時流の環境保全を謳った取り組みでも、部分的な保全行動にしか至らないケースもある。気づいたら"流されて""のみ込まれて"いることが多い。

　社会生活一般には、属することによって、自然なる積極性が損ねられ、また、積極性が育まれるような錯覚を生むことがある。

　その点、山登りは、そうした社会的関係性とは別の系に存在している。それらと無縁ではなく、閉じられた系ではないが、違った概念を形成している。自然性と自由性をそなえた山や自然を対象としており、それらを損なわない限り、社会的関係性とは異質な系を形創る。

　そこでは、私たちの、あなたの、純粋なるその個自体が、山や自然のそうした特質に向けて積極性を投げかけ、それを保つことができる。

　山登りは、社会性（属性）からは独立し、自然性と自由性を相手として、純粋な思い、つまり「山恋」からそれを形成していくものである。

　もちろん、仕事など日々の生活や人生のなかでクリエイティブな活動を発想し、創造、企画し、展開することは、

手法や過程としては山登りと同質である。しかし反面、恐らく多くの人たちは、そうした積極性が育まれる素地や可能性から疎外されているのではないだろうか。私たち現代の人々が社会的関係性に依存、従属せざるを得ない、巨大な社会的メカニズムにのまれているのではないだろうか。

　低山を歩きながら、こう考えることがあった。
"登ろうと思わなければ、登ることはない"
"登ろうと思えば、登るだけ"
　あなたも、そうではないだろうか。
　そこには、精神的な重荷も、負担もない。消極性は、何もない。

穂高の潤い　上高地の清流

積極性、そのものがあるだけである。

　それが、山登りの本質である。だから、山登りは、人が山や自然にただ恋をする、自然なる、自由なる物語なのである。

　　残雪に　光あふれん　剱より
　　　遥か　槍富士　自ずあるまま

　　赤石に　居並ぶ山座　見晴るかし
　　　虚に迫りたる　稜や重畳

　　高千穂の　峰を仰ぎて　いにしえに
　　　自然畏怖せん　人の定めか

　　二度となき　静閑圧すチベットの
　　　空は光は　我を浄めん

4　生の確認

生きていること 生かされていること

　山や自然はあまりにも壮大無比である。人は、その自然さ、自由さに敵わない。

　しかし、人は、山や自然を好きになる、好きになれる。山に恋をし、登ろうとする。

　それは、自然なる自由なる山であるから、自然であるから。交わろうとする人たちに生まれる、自然なる自由なる、積極性ある意志そのものである。

　そうした山や自然があり、私たち登る人が在る、あなたが在る。確かに、私たち人は積極的に山や自然にふれあい、多様に山登りや冒険を演じる。

　しかし、その対象と私たち人やあなたをつなぐ、普遍的な存在とは、何なのだろう。その影は、なおも過ぎる。

　山道を行くも、頂に立つも、果てない雲海に浸るも、その影は過ぎる。

　この関係性は、突き詰めれば、いったい何なのか。

　初めての低山を歩こうが、日本アルプスを縦走しようが、ヒマラヤに向かおうが、なお腑に落ちない影が過ぎる。

どの山にも自然にも、どの山道にもルートにも、常に在り続ける普遍性とはいったい何なのか。

　ここに来てようやく辿り着いたその根源、それは、山登りは、生の確認であることである。
　私たちが、あなたが、人が、生きていること、生かされていること、を確認する。自然のなかから生まれてきたこと、自然を感じることができることを、確認する。何も混じることなく、何にも染まらない山や自然であるからこそ、生きものである自身を直接に感じ得ることを、確認する。
　そうした、生の確認である。

　山に登る理由……
　それは──「山がそこにあるから」？
　山に挑戦するため？
　山頂に立って〝征服〟するため？
　麗しき自然や絶景に浸りたいから？……
　もちろん、どれもそうだろう。山や自然を好きになり、登ろうとするわけは、登る人の数だけ、いや表せないほど多様だろう。
　しかし、私には、そうした理由の原点である感情や意志が、生の確認、ではないか、と思えてならない。
　生きていること、の気づき、生きていること、の確かな認識。そのとき、その彼の個（自我）が存在していることの自己の認識。そのとき、確かに生きものとして躍動していることの体感と実感……。

　山や自然から直接その彼の個に達した、山や自然のなか
に今在るというまぎれもない純粋な感覚。山や自然に、共
生したいと感じ、よりふれあいたくなる積極性。また逆
に、逃れたくもなる消極性、時には絶望。さらには、山や
自然と彼の個との動的な関係のなかで、それらがまさに彼
の個に固有に形成されたのであり、他人や組織など他の存
在に単に委ねられているのではないという固有の気づき、
確かな認識……。

　それが、生の確認である。

　山や自然に向き合うことで、彼の個が一つに統合された
という生の喜びが自ずと湧き上がる。その喜びを自身が得
ていることの確かなる認識、それらが刹那でなく下山して
さえ打ち続く充足感、さらに、自身が自然や外界と統一さ
れているという充足感。自身が置かれた社会的な環境から
の逃避ではない、独創感もある。

　それらによって、山や自然や他の登山者に、よりふれあ
おうとする意識は高まる。その精神からは、自身が社会的
環境との二極的、多極的な関係性に在るという認識が生み
出される。

　加えて、山や自然に対する畏敬や畏怖や愛情、そして感
謝や崇敬などの意識、山や自然に関係する社会的環境への
恩恵の想い、自己の命に対する恩恵の心……これらもまた
生の確認である。

　これらは、ヒトが、古来、山々や川、生きものといった
まぎれもない自然から生かされてきた存在であるから生ま

日本アルプスに「生」を繋ぐライチョウ

れるのだろう。ヒトが、自然から与えられ生き続けてきた環境から、まさに自ずと与えられ宿命的に得た本質なのだろう。

　ヒトは、自然から、その一部として存在することを運命づけられた。

　ヒトが自然に与えたさまざまな負荷や影響は膨大だが、自然はヒトに、こうした生の"因子"、はたして"遺伝子"をすり込んできたのだろう。ヒトは誕生から数百万年、自身さえ驚嘆するほどの技能を手にしたが、いまもそうした本質から切り離されてはいないはずである。

　それは、まさに自然は在るがままであり、ヒトがそのなかに置かれたとき、在るがままゆえ直接的に自然に対峙できたという意識が生まれることに由来するのだろう。生の

“因子”“遺伝子”がたとえ眠っていたとしても、在るがままの自然のなかで何らかの条件を得たとき、準備されていたかのようにきちりと“発芽”するのだろう。彼自身が、たとえどのような社会的環境に置かれていたとしても、生の“因子”“遺伝子”はその個性に応じて、生を確認するように育まれる。

　たとえ、山登りがどのようなものであっても、生を確認できる“因子”“遺伝子”は発芽し、育まれる。また山登りへの意志や理由がどのようなものであっても……たとえ、「山がそこにあるから」、山に挑戦するため、頂を“征服”するため、麗しき自然や絶景に浸るため、そして健康のため、レクリエーションのため……であっても。

「生」の共生から

　山登りが生の確認であるということの、もう一つの、いやむしろ根本的な理由は、ヒトが自然という生態系の一部であるという視点からも見出される。

　つまり、ヒトは生態系のなかに生かされ、生は、自ずと他の生や生態系の構成要素などと共生しながら、生を存在づけ、また自ずと生を営むという、積極的な性質をそなえている。その積極性こそが、生としての確認の根源的な性質、姿ではないだろうか。

　だからこそ、そうした生の確認は、山や自然の自然性、自由性によって、まぎれもなく純粋に、直接に、実現される。それは、必然とも言える、生態系メカニズムの在り様ではないかと思える。

　生態系をふまえた視点からも追記したい。

　私たちヒトの生も、宇宙に誕生した地球が生み出した、極めて自然なる生態系に生かされ、育まれてきた。

　生態系は、有機的につながりあっている物質の循環系、機能系であり、それらの相互作用によって変幻する複雑極まりないシステムである。生産者である植物たち、生産者を消費する私たちヒトなどの動物たち、その遺骸などを分解し再び無機物をつくり植物の栄養生産につなげる菌類や微生物たち……地球とともに育まれた生態系に、水や土、大気や私たち生物の群集とそれらが織りなす自然環境が存

在している。そして、生態系の多様性、生物の種や個体間の多様性、遺伝子レベルの多様性がそなえられ、私たちヒトもそのなかに生かされている。

　私たち人類は、それら多様性から産み出される生態系サービス＜恵み＞に生かされてきた。地球の生態系に育まれてきた多様な資源によって、この今、生かされている。

　私たちは無意識的に、人類は万物から独立した存在であると錯覚しがちである。しかし、どれひとつとして自然の資源からはずれたものはない。石油も、天然ガスも、電気も、鉄も、コンクリートも……。

　砕いて言うなら、私たちヒトにはそれぞれ、肉体的、精神的な存在の意味、つまり個体各々の存在意味があり、個それぞれの積極性と、また同時に他と共生する受容性、言い換えれば、個それぞれに本来宿る相互性、積極的な相互性、二極的多極的な関係性をそなえているのだろう。そこに、存在の本質としての消極性は無いかのように、である。

　私たちは自然に生かされ、生きる力をそなえられ、生きものとしてごく普通に、生きてゆく潜在的な力を与えられたのではないだろうか。

　反面、私たちヒトは、おびただしいほどの人工化、都市化、技術化などさまざまな非自然化により、個それぞれの積極性や他と共生する受容性、また積極的な二極的多極的関係の減退や喪失を招いているのではないだろうか。

　シニアより若い世代でも、日々の生活や人生をふり返ると、実家や自宅周辺の田畑が消えていったり、道路と車が

増えてしまったり……"いつの間にか"非自然化に取り巻か
れ、それらに慣らされてしまっている悔恨が重圧を高め
る。

　そして、子どもや孫たちも含め、自然に生かされた生き
ものとしての特性の減退、喪失、生命的存在からの離脱
化、生命的な積極性の減退に陥っているのではないか。精
神的肉体的な人間自身の生命的消極化を引き起こしている
のではないか。

　そうした引金は、さらなる非自然化への転落、消極性へ
の後退、生命的活動の後退、ひいては死の肯定的な意識
化、死への逃避、自死・自殺の選択を導いているのではな
いだろうか。

遥かに連なる北アルプスの山並み

　ただ片や、山や自然に分け入る山登りがブームになり、年間数百万人という人たちが多様に山に登っている。打ち続くその流行は、単に自然が美しかったり心地良かったりというだけでなく、そうした生命的消極化の反動ではないか、と思えてならない。

生の「空洞」

　山登りの根源と思える生の確認からすると、その対極にあるのが、生物的生命の消極的な在り方である。それは、ヒトが生きものであるにもかかわらず、生きものとして生きづらい、あるいは生きられない、という単純ながら明確にしにくい現象である。

　私が"生物的な気がかり"と感じているのは、自死・自殺、いじめの問題である。言わば、生の「空洞」とも言える問題である。

　これらもまた、さまざまな社会的過程の非自然化、管理化により、ヒトがその生や個を反射してそれを確認できるはずの自然との乖離や疎外を来し、ヒトの個の減退、喪失を招いているから生じるのではないだろうか。

　そこで、ヒト自身の精神的な負荷、社会的な負荷により社会への不適応を生じ、自身の生命的な消極性が高まることにより、死への歩み、そして自死・自殺が起きるのではないだろうか。自死・自殺は、社会問題として捉えられるのが通例とされる。

　また、関係する人のモノ化が起こり、ヒト同士の共生的関係が減退し、本来の生きもの的活動も衰退しているのではないだろうか。

　この生命的消極性を向ける対象が自身でなく他者であった場合、いじめに向かうのではないだろうか。

こう考えると、自死・自殺の場合、その死は、生の歪んだ結末にあり、生の消極的な反射なのではと思える。

そもそも、なぜ、自死・自殺は"すべきものではない"のだろう。それは、生命が、自ずと、生きるべきものとして生まれ生かされてきた、と思えるからではないか。自死・自殺は、その理に則していないからではないだろうか。私たちは、死すべきものとして生まれ生かされてきたのではないだろう。私たちは、あなたは、生の世界こそを知っていても、死の世界を知り体験した者はだれひとりいない。それは生の世界にのみ生きてきた、からではないだろうか。

自死・自殺は、身体的苦痛や病気の明白な結果ではない絶命行為と説明される。であるなら、自死・自殺は、死の積極的な創造や選択、実行でなく、死の肯定ではない——と考えられないか。生の極端な消極的表現、つまり生の否定なのではないだろうか。生があるからの、生のなかにある、自死・自殺——なのではないだろうか、と。

いじめは、いじめの形、つまり、いじめる側といじめられる側が存在しているものの、いじめること自体は実体的に不完全であり、いじめる側は、＜いじめ——いじめられている＞形に従属するのではないか。いじめをやめる・やめさせるには、その意識構造をつくる従属から解放され、取り除く必要があるのではないだろうか。

いじめは、それを行うその彼が、その行為の消極的な反

射物を得ることが目的になっているのだろう。いじめる対象を抹殺してしまえば、いじめは成り立たない。対象の抹殺が目的ではなく、いじめていること、が目的である。対象がいじめられて存在することが本質ではないか。

だから、いじめは、行為者やその集団の心理的な反映の行為、つまり相手に対する暴力や干渉といった歪みの投影なのだろう。その意味では、彼、彼らの意識の、消極性の積極的な反映なのではないだろうか。

いじめる・いじめられること自体は、消極的な存在なのだろう。いじめる彼、彼らは、"弱い"対象者への陵辱の快感、"醜いもの"への好奇や挑発と反応、未知なるものへの恐れの増幅を、逆に、積極的な存在である生命に向けるのであろう。

いじめは、内向き、である。彼、彼らの個の本来の、生命的な、積極的な、自発的な活動を、自身や外界に向けて発することが減退しているから生まれるのではないか。自らの解放から逃れ、遠ざかり、その意味では、閉塞的である。"陰鬱なる社会"になっていることの象徴の一つなのだろう。

雑感を連ねたが、壮大なる宇宙のなかでも、個々の生命、私たちは、それぞれに唯一無二の存在である。たとえこの地球に80億を超える人々が生き、3,000万種を超える生物が生息するにしても、私……という個は、唯一無二。時間的にも、空間的にも、たった一つ、の存在。たった一度の、二度と再び現れはしない、固有の、個性を持ち合わ

高峰の岩場にも「生」を創造する高山植物

せた存在、である。

　中世の哲学者ピコ・デラ・ミランドラの「人間の尊厳について」という名言を、エーリッヒ・フロム著『自由からの逃走』・日高六郎訳（東京創元社）から引用する。
「われわれは汝を天上のものでも地上のものでもなく、死すべきものでも不死のものでもない存在として創造した。それは汝が自分の意志と名誉にしたがって、自由に、汝自身の創造者であり形成者であることができるようにである。われわれは汝だけに自分の自由意志による成長と発展とをあたえた。汝はみずからのうちに宇宙的生命の胚珠をもっている」

自死・自殺やいじめだけではないが、生の「空洞」の対極にある生の確認は、山登りの根源である。
　エベレストの単独登頂に挑み遭難死した日本人登山家の行動について、こんな所感が最近の書籍に見られた。
「あれだけ自分の生に向き合い、体全体を使い果たすような感覚が得られる場所って、ヒマラヤの高峰以外にない」（『日本人とエベレスト』山と渓谷社）

「生」の確認と「生きる」ため

　山登りの根源性は、唯一無二であるその彼の「個」の存在、そして、その生態的な積極性や共生性、さらに、山や自然のなかでその個から発せられ、山や自然から純粋に反射される「生の存在の確認」にある。

　山登りを避けている方、苦手な方にも、その生の確認を自ら体得してほしい。山に登り自然に入ると、私たちは、あなたは、生を確認できる。

　ある夏、南アルプスの塩見岳（3,052m）に向かった。三伏峠から塩見小屋へ登る山道を見つめながら思った。
「これも、生の確認の詳細……ひとコマ、ひとコマ……すべて、些事ではない」と。

　一歩、一歩、同じような山道。
　九十九折りの、ガレ場の、あるいは雪化粧の、けれども……すべては違う。
　意味の無い一歩、は無い。
　一歩、一歩、を踏む。
　未踏の峰やルートであっても、片や開かれた林道や登山道、参道であっても、皆が登る山道であっても……。
　それらの、一歩、一歩、一歩は、いつも違う。その一歩、一歩が、尊く、意味を有している。
　だから、一つ、一つ、に味わいがある。

頂上に続く山道の一つ一つ……

　真砂土、黒土、泥濘、木の根、岩ころ、岩角、一枚岩、
岩稜、木道、梯子、草原、池塘、お花畑、雪渓……。

　そこに、自らの、生きる——の、一つ、一つ、を重ね
る。

　のろのろ、ぼつぼつ、と。あわてることなく、刻みゆく。
その片々に、意味を感じさせてくれる。

　すべてが、多様にある。千変万化のそれぞれが、独立し
ながら、しかもつながり、一団の山登りを形成する。尊
く、意味を創るあまたの些事の共生である。

　もちろん、頂へつながる一歩でもある。

　その彼それぞれの"景色"を観ることにつながる一歩で

もある。

　シラビソの深い森も、切れ落ちた岩尾根も、高峰の花園も……。

　高みがあるなら、どんな高みなのか、あの向こうは……と、山に、自然に分け入る。

　入山の第一歩から、山頂、そして下山まで……重ねられた一歩、一歩、一つ、一つから、多様に創造され、彩られる過程がある。

　ここに、また、山登り一つ一つの意味もある。

　山登りはまた、振り仰ぐ急登も、岩泥の悪路も、雪雷の荒天も、冷徹なる厳寒も、そして撤退も、何もかも、すべて受け入れざるを得ない。

　単独行……一切人影も無い山……地図に食い見入っても、磁石を回しても、進路が見えない。絶望的なガス、覆い立つ樹林、辺りの等高線さえ読めない。

　道迷い……さあ、どうする。どこが、自らの道か。

　この山に、この高みに、尾根と谷のはざまに、自身、己、独り、しかいない。

　人の、自然に追い込まれた闘い、葛藤……己は"どこに"いるのか。

　いま己が呑み込まれている、気まぐれな、でたらめな、しかし自然なる、そして自由なる、山、自然という相手は、いったい何者なのか。

　対する己は何者だ。いったい、己とは、どれだけの者なのか。

己は、己を知っているのか。たかが知れた齢、どれほど己を知っているのか。

　道迷い……さあ、どうする。ルート偵察か、退却か、遭難か、生還か……。

　険しく、冷たく、痛く、辛く、怖く……。

　だが、すべては生きている証、生の確認。

　弱み、非力、逃避……失敗も、次の「生」へと向かう生の確認である。

　それらは、さまざまな物事を成すときにも似ている。

　人生もまた、そのものだろう。

　日々の暮らしや仕事、人生の、どのような道程なのか、高みなのか。はたして、いかなる頂なのか……分け入り、

ヒマラヤ6,800mの第2キャンプ　低酸素に耐えざるを得ない
（大阪市立大学山岳会提供／岡秀郎撮影）

登ってみようとする。

　ふり返ると、十数年勤めた新聞社から自然保護市民団体
に転身していた。家族を抱えた働き盛りの、無謀極まりな
い決断だったのだろう。

　ただ、自身は、山の地図やコンパス、そして空を読むよ
うに、現れるであろう未知なる道程や高みを往こう、とし
ていた。

　記者時代とは違った活動や事業などのほとんどは、自身
の未踏なる、あるいは手つかずの時空だったと思える。

　五里霧中、絶え間ない手探りや藻掻き、言わば悪足掻き
……。

　多くの方々も、そうだろう。仕事に限らず成そうとする
さまざまな活動が生まれたとき、どのような道程や高みで
あろうと、そこに「生」を見出そうとする。

　先にこう書いた。
「最近になって、である。山登りも、己の修行に出かけて
いるのではないか。そう思うようになった」

　山登りは＜修行＞？

　その神髄であろう修験道は、自然そして山々に籠もり、
その険しさのなかで自身を見つめる行を続け、ついには悟
りを得る。

　私の山登りがそこまで高められた宗教とは到底言えな
い。が、ふとそう感じることもある。「悟り」かどうか分か
らない。しかし、山と自然のなかで我が身が追い詰められ

たとき、それらしき意識を覚えることもある。

　……そして、垂涎の頂……己の身が今ここに在る、登頂
……。

　登った人、あなただけに観ることができる、その人だけ
の景色が広がる。

　そう、山頂に辿り着いたとき……その絶景は、あなたの
人生のすべてを映し出しているのかもしれない。

　その彼が唯一無二の人生を歩いた、形成した、その人だ
けに観える景色、その彼だからこそ映る、あなただけの景
色が広がっている。

　ヒマラヤの3つの頂に立つことができた。いや、どれも、
ようやく辿り着くことができた。

　それぞれ固有に、高まり極まった白きピークだった。

　しかし、不思議にも共通した情景があった。

　どれも、その最高点が視界に入っても、アイゼンが氷雪
を噛む音しか感じていない。聖らかさ、だけがある、無の
時空だった。

　頂点に音は無く、静寂。昂奮もなく、我もなく、驕りの
欠片すら無い。ただ、ただ、生、のみがある。

　かつての山行地図や写真をふり返るときなら、自らのト
レースを確かめ、それこそが自身の努力の痕跡であること
を知る。

　褪せた記憶のなかのトレースは愛しく、自身の山行が健
気にも思える。人の人らしさ、愛らしさ、「生」らしさ

……生の積極性、創造性、固有性を映して……。

　山登りには、その着想から計画、入山、山頂、そして下山までの過程がある。そこに重ねる一つ一つ、それらによって創出される多様な過程がある。それは、私たち、あなたたち一人ひとりの「修行」と呼べるかもしれない。

　登るほどに移ろう、無限の多様なる景色、その折さまざまに観える、辿り着いた景色、絶景……自分だけの道程のあとの、自身だけに訪れた絶景、人それぞれの景色……やがて独創の心象が現れる。

　夏山、南アルプスに向かう高速バスに、1本の松葉杖を使う若い女性が乗っていた。通路を挟んだ窓側の席、登山着にザックも一緒だったから"登られるのかなぁ"とは思った。が、正直"松葉杖⁉　登れるんかぁ？"と差別的な懸念が先に立った。

　ところが、2日後の仙丈ヶ岳の登りだった。快晴の朝、光る夏空、その光景は、20mほど先の登山道に現れた。彼女は何の助けを借りることなく、松葉杖と片足を交互に上げて登り続けるのだ。

　私は、唖然(あぜん)として、立ち竦んだ。長年の登山でも、出合ったことがない光景だった。私は、ようやく我に返った。3,000m峰に続く登山道を、杖先に見つめながら、なおも黙々と同じ動作を続ける、その人はいた。私は山頂を目ざしながらも、その軌跡を想わざるを得なかった。

　かつて訪れた山々を観るとき、瞼(まぶた)を濡らすことがある。

人生の折々に登った山々の威容や神々しさだけがそうさせるのではない。人の個の「生」の軌跡が刻まれた空間であるから、そうさせられるのだろう。

山登りには、生の確認の積み重ねである人生がある、とも思える。

山道のすれ違いには、「こんにちは」とあいさつを交わす。見ず知らずの人に声かける、珍しい慣習とも思える。

人気の山に遅く入山してしまい、自身の登りが下山のピークに重なると、ずーっと「こんにちは」と言っている。それを面倒とも思わず、子どもたちにもあいさつして楽しむ。辛い登りも苦にならない。きつい登りに喘ぐ人さえ、「こんにちは」と返してくる。

山小屋に泊まっても、相部屋になったり食事で隣席だったりで……まずは「こんにちは」。お互い山行ルートや予定をたずねたり、登山談義にのめり込んだり……。

人とは、本来そんなもの。最も根源的な性質、唯一無二である自身の「個」の存在を自ら確認し、その積極性や共生性を発信する。そうした積極性が、山や自然から純粋に反射される、「生の存在の確認」である。

仕事や事故、病、過去の苦悩……人生の陰とともに、またあるいはそれらを超えて、山や自然を、いま確かめに来た。

だからだろう、山登りは、人の一番良いとき、良いところにふれあえるものでもある。それも、山に登る理由なのだろう。

　そして出合った山の友と別れるときは、「いつかまたどこかの山で」「どこかの小屋で」と。

　2016年に「山の日」が生まれ、「山の歌」が募集されたとき、こんな詩を書いてみた。

1　　見晴るかす　紺の空　雲の波
　　　連なるは　緑　岩の峰
　　　その一つ
　　　私がいる　私が立っている
　　　沢も　林も　岩も　尾根も
　　　私の時を超えた　この私が
　　　山に生きている　生かされている

2　　麗しく　黎明に　残照に
　　　足もとの　雪渓　花の園
　　　その自然
　　　あなたもいる　あなたも感じている
　　　水も　鳥も　風も　雪も
　　　あなたの時を超えた　そのあなたも
　　　山に息づいて　励まされている

3　　いつかまた　どこかの小屋で
　　　そう伝え　別れた人たち
　　　声をかけ
　　　友になれた　山の話はずんだ

旅の出合い　生きるつながり
私もあなたもまた　峰をめざす
山並みはいつも　いのち生かすから

＊　　＊　　＊　　＊

極寒に　きらきら光る　雪洞に
　三晩を生きし　遥か日高か

晴れ透る　深山の大空　いただきて
　ただ受けとめん　生にも運にも

7,308m　四光峰の頂は―静寂―だった
（大阪市立大学山岳会提供）

ヒマラヤの　峰に立ちいて　見晴るかし
　いのち生かさる　無意の時空か

山小屋に　出合いし他人の　人生を
　想い別るる　遠き山旅

5 答えは ついに

遍く潜むもの

　山登りは、山というあくまで自然を対象に演じること、その山や自然は壮大無比なる在るがままの気まぐれ自由な存在であること、人はその自然性や自由性に惹かれ、そこから純粋に反射されるその個の生を確認し、その積極性や共生性を発信するものである。

　では、なぜ、人は、山に登るのか。
　なぜ、私は、あなたは、山に登るのか。

　山々に神々がすまい、崇め、祀り、祈るためか。
　山や自然に身を置く厳しさから、悟りを得るためか。
　人のヒトたるゆえん、本能なのだろうか。未踏の頂、未知の領域だから、自ら初めて登頂し、初踏破を成し遂げるため、か。
　たとえ未踏でなくても、自らの未知、未踏であるから、初めての尾根を、谷を、岩壁を、頂を目ざし、踏破するためか。
　あるいは、幾度も通う山道ながら、その折々、自然は極めて微細に、大胆に、多様に移ろい、自身の心も生も多様

に確かめられるから、か。

　新しく入る山や自然、初めて遭遇する空間、その新しい時々、変幻多様なる体験……。

　ほかにもある。裏山があるから。健康にいいから。自然が好きだから。山頂に立った充足感、達成感、展望が素晴らしいから。「日本百名山」だから、3,000m 峰だから、ヒマラヤだから……。

　だが、これらに共通して、すべての山登りに遍く潜んでいる存在は、何か。

　答えは、きっと、秘められている。

　その序段として、「自由」について記された先述のエーリッヒ・フロム著『自由からの逃走』・日高六郎訳（東京創元社）から、名文を引用させていただく。本書は、私が今なお最も感銘を受けている一冊である。

　エーリッヒ・フロムは、20世紀前半にファシズムが台頭した当時、本著を記したねらいを、

「文化的社会的危機にたいして決定的な意味を持つ一つの側面、すなわち、近代人にとっての自由の意味に集中しようと決心した」ためと書いている。

　約300ページに及ぶ渾身の著述には、興味深いことに、「自由」と「自然」との関係性も著されている。

「人間の社会史は、自然と一つに融合していた状態からぬけだし、周囲の自然や人間たちから分離した存在として自

己を自覚したときにはじまる。（中略）個人がその原始的な絆から次第に脱出していく過程は—それは『個性化』の過程とも言えよう（後略）」

「自由は、近代人に独立と合理性とをあたえたが、一方個人を孤独におとしいれ、そのため個人を不安な無力なものにした。（中略）かれは自由の重荷からのがれて新しい依存と従属を求めるか、あるいは人間の独自性と個性とにもとづいた積極的な自由の完全な実現に進むのかの二者択一に迫られる」

自然への自発的関係

　さらに続けたい。

「しかし服従が孤独と不安とを回避するただ一つの方法で
はない。もう一つ、解きがたい矛盾をさける唯一の生産的
方法がある。すなわち人間や自然にたいする自発的な関係
である」（傍点は著者）

「この自発性の一つの前提は、パースナリティ全体を受け
いれ、『理性』と『自然』との分裂を取りのぞくことであ
る。なぜならば、ひとが自我の本質的部分を抑制しないと
きにのみ、自分が自分自身にとって明瞭なものとなったと
きにのみ、また生活の様々な領域が根本的な統一に到達し
たときにのみ、自発的な活動は可能なのであるから」

「自発的な活動は、人間が自我の統一を犠牲にすることな
しに、孤独の恐怖を克服する一つの道である。というの
は、ひとは自我の自発的な実現において、かれ自身を新し
く外界に―人間、自然、自分自身に―結びつけるから。
（中略）それは自我の個性を確保すると同時に、自我を人
間や自然に結びつける。自由に内在する根本的な分裂―個
性の誕生と孤独の苦しみ―は、人間の自発的な行為によっ
て、より高い次元で解決される」

　畏れ多いが付け加えたい。
　一次的な自然である生態系は、そこに人との関係性をみ
ると、人が抗えず敵わない、まさに自然そのもの、であ

遥かに波打つヒマラヤ・チベットの山座と氷河

　る。自然をいかに壊そうが改変しようが、自然はいわばその法則にそって変遷する。それが、自ず、おのず、つまり自然であり、その必然の姿である。

　その自然のなかにある人や社会は、そのさまざまな活動（『自由からの逃走』では「過程」と記述）が、かつては自然との分裂なく営まれていたことを経験し、また、今なお部分的には、自然と一つとなる活動を維持している。

　自然は、私たちのさまざまな活動が、自然と一つとなれる自然性を与える可能性を秘めている存在である。であるからこそ、自然は、今日の私たちの、「理性」との「分裂」を取り除き、つまり私たちが自由へと向かう可能性を与えてくれる存在なのであろう。

　逆に言うなら、自由とは、私たち人と社会のさまざまな

活動が、最も「自然である」こと、最も自然である在り様、なのだろう。つまり、「自然であること≧自由」なのだろう。

　言い換えると、自由とは、自然がそなえる自然性や自由性や生態系機能から導き出され必然化される、人と社会のさまざまな活動の、自然性の最高値——なのかもしれない。

　自由とは、自然がその生態的在り様である自然性を、私たち人と社会に投射してくれる、社会的思考やさまざまな活動の最も自然なる様、と言えるのかもしれない。

「自然」と「自由」について長々と記したのは、山登りが、それらをあまりにも純粋に象徴しているからである。山登りがそれらを曇りなく投影している、と強く感じるからである。

そして……

　なぜ、あなたは、山に登るのか。
　なぜ、私たち人は、山に登るのか。
　私たちの、あなたの山登りすべてに、遍く通ずるもの
は、何か。

　答えは、こうだ。

　山には、あなたが自由を描くことができるから、自由を
創ることができるから、すべてを自由に形成することがで
きるから、である。

谷間の朝空—きょうは　また違う

　それは、山、そのものが「自然」であり、「自由」である
からである。
　あなたの自由を生むことができる、「自然」という可能
性を秘めているからである。
　あなたが、自由を描くことができる「自然」であるから。
　私たち人間の自由が生まれる時空があるからである。

　そして、その山や自然に交わろうとする、あなたも、私
たちも、山登りも、人の行為も、すべてが自由であるから
である。
　そこでは、あなたが、何かを創出し、形成することがで
きるから。
　あなたが、あなた自身を創出し、形成することができる
からである。

　あなたは、きっと見つける、きっと見つけているに違い
ない。
　あなたが、たとえ、耐えがたい日常の現実から逃避する
ため、登山靴を履いてザックを背負い、未だ見ぬ日本アル
プスの頂を目ざしたとしても……。
　自らの生の存在を確認することや、山という「自然」の
空間そのものに分け入り抱かれたこと、また自ら今まさに
自由の淵に立っていること、自らを自由に創出し形成し始
めていることを、見つけるに違いない。
　たとえ、日常のなかで、あなたそのものを自我として意

識できない日々が続いたとしても、山の「自然」のなかできっと、六感や自らの意志といった生の積極的な自由をつかんでいることを確認できるに違いない。

そのとき、きっと、この自身こそが、まぎれもなく、自身の主人公になっていることに気づくに違いない。

山登りは、「行く」という積極性のなかで、内なる自身だけではない山や自然や人といった外部との相互性、共生性をもって取り組むものである。たとえ体力的、技術的に優しい山であっても、自我やその自由なる意志を損なうだろう "逃避" を求めて行うものではない。

残雪の北アルプス・立山（3,015m）の天狗平から劔岳に分け入り、初めて本格的な山登りを経験した。

私たちのパーティ以外だれもいない劔岳の山頂に辿り着き、日本アルプスの大展望に臨んだ。

そのなかに、天狗平から劔岳・三田平ベースキャンプへ辿った私たちのトレースを探すと、観光旅行では得られない我々だけの山旅を観ることができた。

数メートルの雪上を約５時間登ってテントサイトに辿り着き、さらに長次郎雪渓を登りつめ、今、頂にいることの解放と自由こそを識ることができた。

私たち人類は、自然のなかから抜け出しながら自然との調和を損ない、自然から離れ、自然との関係から自由であるという意識を強めてきた。

しかし、我々人や人類が、人や人類を自ら "支配する"

ことができ、その多様な個性を実現し、社会的メカニズム
をコントロールしながら使命に進むという自由は獲得でき
ていないだろう。

　逆に、人個人の、自然や社会との疎外感、孤独、無意味
さ、虚無が募り、たとえ「自由」や「自主」と捉えていて
も、それらは社会から与えられた消極的な空洞の「自由」
や「自主」なのかもしれない。

　私たちの山登りのすべては、そうした消極的、虚無的な
具体の一つ一つから、人個人を自ら解放していく活動なの
だろう。その一つ一つの、自らの解放への取り組みが、些
事の積み重ねでこそあれ、山登りそのものなのだろう。そ
して、それら些事の一つ一つが、社会の空洞を解放するこ
とにつながる手立てになるのだろう。

　今まさに山登りを始めようというあなたも、また、次

山々には「自然」と「自由」がめぐる

は、あの山から観た山に登ってみようというあなたも、未登の名山にチャレンジする人も、一度はヒマラヤに行ってみようと夢見る人も……それぞれの自らの解放と、また"閉ざされた"現代社会の一つ一つからの解放を実現しようと、そこから旅立つ一歩を刻むのである。

　次こそ山小屋ではなく初めてテントに泊まってみようとか、今度は岩尾根ルートから頂を目ざそうとか、初めて残雪を蹴ってみようとか、3,000mに挑んでみようだとか……過去の殻に閉じられた自らの解放と、暮らしや仕事や社会の消極的な出来事に対する解放を試みようと、今はもう、古びた住処をふり返ることなく、先を見つめ、新たな道程に足跡を印していく。

　打ち続く人生の日常の艱難に悩める私たちが、あなたが、それらと自我を統一し、あるいは自由に創造的に、よ

すべての旅立ちを自由に描ける大自然　そして山々

り高い次元や領域に自らを導いていく。

　山登りのそうした思想は、山登りという山行自体だけに帰結しない可能性を秘めている。一つ一つの山行で体得した解放と創造は、人間が自然と一体化できる創造的な社会活動へと普遍化できる価値でもある。

　その重要な事象の一つには、地球的規模の環境負荷が打ち続くなか、山や自然、生物多様性から産まれる「生態系サービス」こそを重視し持続的に享受しようとする人間活動もある。

　それは、環境保全に対応するという限定的な意味合いのものではない。私たち人類が自然・生物多様性を一方的に浪費するのでなく、一人一人が自発的にそれらとつながり、自然・生物多様性と人類の持続性を創造すべきという、私たちの課題を突き示すものである。

自由と創造への意志

　繰り返すが、山や自然は、そのものがまさに「自然」であり、「自由」である。在るがままの存在、無垢な存在であるから、人にとっては、まさに自由なる存在である。

　透明な青き大気に光る夏山に向かい、また白銀に煌き映える冬山に向かって、初めての登山でも、幾度かの山行でも、そこに、無垢なる、無心なる思いの自我が在り、自由と創造への意志に満ちた、確かな自分がいる。

　例えば、あの、在るがままのヒマラヤ、圧倒的な存在そのままに眼前に迫った神々の山座の連なり……遥かヒマラヤの、あの山塊に臨んで、どれだけ、自分を試すことがで

あるがまま　岩と氷雪の山塊

きるのか、と。

　ヨットの単独世界一周に成功している著名な海洋冒険家
も言う。
「この地球を相手に、こう、たたかえるというのは、これ
以上ないです、これ以上ない自由です」
　己は、そこに、何を描けるのか、何を成しえるのか。自
らを試そうとする、まぎれもない、そうした自分が在る。
　真白きカンバスに向かったとき、同じように確かな自身
が在るように。

　それは、その彼の個の、より自由な在り方をめざして、
より「自然」なる、「自由」なる人を形成しようとして、で
ある。
　その彼が、そのあなたが、それぞれの未踏──に入るこ
とができるから、それぞれの意義、意味、楽しみもある。
山登りは、自由の反映、個性の反映、さまざまな自由を映
し出すのである。
　山登りは、人生にも似ている。
　人生は無形であり、その姿を眺め、見渡すことはできな
い。すべてを見通すことはできない。
　山登りも人生のように、その時々に未だ踏み至らぬ変幻
をはらんでいる。その沢で、谷で、尾根で、稜線で、岩場
で、山頂で……複雑きわまりない時空が待ち受けている。
山登りをすべて見通すことはできない。
　人生に迷い、苦悶し、人生の意味さえ疑おうと、だれも
答えてはくれない。あなたの人生の意味は、あなたが自ら

創るものである。

　山登りもそうである。山には、多様な生態系の在り様と、無限とも言える自然の事象が織りなされるように潜んでいる。山登りもまた、人生のように、その意味は自ら創るものである——と、山や自然のなかで自由に向けて自らを解放し、その無形の活動を自らのものとして形成していくものである。

　数度のヒマラヤ・チベット行を経験したが、それら「遠征登山」では、大学で留年したり、会社を退職したり休職したり……人生を左右するだろう"山""谷"を往く者がいる。

　自由度は幅広くあるだろう。

　初登頂への挑戦を13度も受けた世界最高峰エベレストでさえ、今や登頂に順番待ちができる。そんなエベレストで、自由が創造できる、在るがままの自然、と言えるかどうか。

　片や、日本国内の登攀でも、未開拓の難ルートを切り拓いたり、世界的豪雪の積雪期に長大な山脈を延々踏破したり、独創的な山行もある。

　登山の技能や難度を軸に「自由」を評価するものではない。人のスキルは多様であり、山登りの自由度もまさに千変万化。それがまた、山登りの自由の在り様である。

　あのマロリーの問答をもじるなら……

「なぜ、あなたは、未踏でもない、だれでも行ける山に登るのですか」

「なぜなら、それは、私にしか踏むことができない山登り
があるからだ。

　だれも私に代わることができない、私の無二の山登りが
ある。

　私の未登を求めて……あなたがたと同じ個々にある、そ
の内にある自由を求めて登るのだ」と。

　ふり返って、私や山の仲間は山や自然のなかに、どのよ
うに自由を描き創造しようとしたのか。

　山行の全責任を担うリーダーだったとき、夏には、北ア
ルプス・劔岳西面の池ノ谷雪渓に唯一テントを張って約1
週間定着、岩登りなどを行った。その後は続けて、一般
ルートではない北ア黒部源流域の東沢を遡上し、雲ノ平か
ら薬師岳（2,926m）へ縦走した。

　積雪期の3月には、先述した日高山脈中部の縦走を試み
た。冬の日本アルプスは幾度か経験したが、強烈な吹雪に
も襲われる北海道は初の挑戦だった。

　無謀だったのかどうかは分からない。しかし、自身や
パーティの経験と実績に拠る“安定”と、そこから自らを
解放しがたい“孤独”から旅立ち、自由になるため一歩を
踏み出そうとしたことは確かである。

　雪の日高——という新たな時空に立ち入る4人パーティ
のリーダーとして、パーティの統一した自由意志の積極性
を活かし、パーティ自身がパーティ個性の独創的な活動の
形成者となれるよう、16日間の山行を演じたことはまぎれ
もない。

7,308m の未踏峰　四光峰（パルンツェ）　頂へと切れ上がる氷雪の稜線
（大阪市立大学山岳会提供／岡秀郎撮影）

　ヒマラヤへの憧れは、ロールワリン山群の一周トレッキングとラムドゥン峰の登頂につなぐことができた。「あまり人が入らないエリアへ」とロールワリンに入り、ラ峰は小峰ではあるが、日本人としては第2登（記録上）。

　翌日は、明確な登頂記録の無いラムドゥン北西峰（5,870m）にも登った。手つかずに高まる約300mの雪壁を直登し、ヒマラヤを自由に登る、というこの上ない贅沢な登攀をさせてもらった。

　トレッキングでは、難ルートとされている最高点のテシラプツァ峠（5,755m）を越え、山群一周を終えることができた。

　そして、先述のように未踏峰だった四光峰を目ざした。当時、未踏峰としては世界第2位の標高。かろうじて登頂することができ、こうふり返った。

　一つの山座は、自然の創造物である。そして私たちはそこに、固有に創造された魅力を認め、その魅力を私たちの手法によって確かめようとしてきた。それが今回の登山であり、その登頂はすべての集約点だった。しかも四光峰は未踏峰であり、その魅力のすべてが欠けることなく私たちに与えられるのである。

　そう、自然に交わろうとする山登りは、その壮大無比なる〝ふところ〟のなかでこそ、それに交わろうとする自由な意志によって、また自由な無形の表現によって、私たちが、あなたが、それぞれの行為の形成者であるように、自由に、自然にふれ、山行を展開することである。

　その努力や楽しみ、悲しみ、悔恨といったあらゆる成果

も、第一義的に、すべて、その人たちそれぞれに託され、帰結する。

　精いっぱい、命を試すことができる。そのとき、すべてが自由になるのである。

　私たち人が、暮らしや仕事のなかで自我と矛盾する"錯覚の安定"に組み込まれる、その孤独の恐怖から逃れるためには、解放と自由につながる勇気と、自発的、創造的な活動が求められる。

　山と自然を立ち仰ぎ、今まさに分け入ろうとするとき、その未知なるものの自然性は、純粋にあなたという自己に反射する。あなたという自己の自由性が充ちあふれる。自

ネパール・ヒマラヤの秀峰ランタン・リルン 7,227m　初登頂までだけでも 3 名が遭難死した

己の自由の可能性を演出するときが、今まさに始まる。

その自由は、変幻自在である。いかに自由を求めても、その自由は自己の演出のありさまに帰結する。

辛苦の重荷、ガスに巻かれた頂、あるいは山並み重畳たる大観、故障に苛まれた無念の下山、山人たちとの偶然なる交わり……。

形成しようとする自由は、すべて、自己の演出にかかっている。

だからこそ、私たちは、あなたは、山へ、自然へ、分け入ろうとする。

たとえ、旅立ちへの道のりが遥かでも、アプローチさえ延々続こうと、樹林覆う急登に阻まれようと、たじろごう岩と氷雪の稜線が切れ高まろうとも……。

それでも、私たちは、あなたは、山と自然への扉を、押し開く。

さまざまな利得や打算でなく、他者や社会への従属や隷従でなく、自然なる、自由なる山と自然から、私たちやあなたのための、自発、解放と自由、創造をいただくために。

なぜ、あなたは、山に登るのか。

それは、山は自然であり、自由であるから。

あなたが、自由を描ける自然であるから。

あなたが、あなた自身を自由に創造し、形成できる自然であるから、である。

では、

　なぜ、あなたは、生きるのか。

　それは、人生は自由であるから。

　あなたが、自由を描ける人生であるから。

　あなたが、あなた自身を自由に創造し、形成できる人生であるから、である。

　マロリーなら、答えるだろう。

「なぜなら、私にしか踏むことができない人生があるからだ。

　だれもが私に代わることができない、私の無二の人生があるからだ」

　山登りも同じだろう。

　あなただけに、その彼だけにしか踏むことができない山行がある。

　だれもが代わることのできない、その彼だけの無二の山登りがある。

　未踏や困難だけでなく、個々にある、内なる自由を求める山登りがある。

最後に

　なぜ、あなたは、山に登るのか。
　それは、山に登るため、である。
　山に登るために、山に登るのである。

　では、
　なぜ、あなたは、生きるのか。
　それは、生きるため、である。
　生きるために、生きるのである。

出版にあたり、大阪市立大学山岳会の諸先輩や仲間たち、
妻と子、姉、亡き父と母に、心より謝意を表します。

文芸社出版企画部の砂川正臣氏、編集部の吉澤茂氏には、
多くのご協力をいただき、感謝の意を表します。

著者プロフィール

岡 秀郎（おか ひでお）

1956年、大阪市出身。大阪府立清水谷高校卒。大阪市立大学に進み、山岳部に所属。北アルプスや近畿の山を中心に、積雪期、岩登りも含めて活動した。ヒマラヤでは、1980年、ネパール・ロールワリン山群のラムドゥン峰（5,925m）と北西峰（5,870m）に登頂し、山群一周をトレッキング。大阪市立大学山学会では、1989年、クーンブ山群の未踏峰・四光峰（パルンツェ、7,308m、チベット）の登山隊に参加し、登頂した。

毎日新聞記者として山岳遭難や山行取材も経験。1985年、西チベットの未踏峰・ナムナニ峰（7,694m）の登山隊で、登攀と外国人初開放域を含むチベット西南3,500kmキャラバンを取材した。

著書に『立山からチベットへ』（山と渓谷社 My Books）、編集や共同執筆に『四光峰の風 チベットの白き頂に立つ』、『ナムナニ』（ともに毎日新聞社）など。市民団体（公社）大阪自然環境保全協会に転身し、事務局長を経て現在は理事。

なぜ、あなたは、山に登るのか。

答えはついに――人生とつなぐ山登り原論

2023年8月15日　初版第1刷発行

著　者　岡 秀郎
発行者　瓜谷 綱延
発行所　株式会社文芸社
　　　　〒160-0022　東京都新宿区新宿1−10−1
　　　　　　　　電話　03-5369-3060（代表）
　　　　　　　　　　　03-5369-2299（販売）

印刷所　株式会社エーヴィスシステムズ

ISBN978-4-286-24381-8